Multikuhlti und vegan

Geschichten und Rezepte

Stiftung Hof Butenland

IMPRESSUM

© Copyright Stiftung Hof Butenland
Alle Rechte vorbehalten.
2., aktualisierte Auflage

Fotos: Karin Mück
Rezepte: Karin Mück, Mira Landwehr, Frederike Hortig, Abdel Ouardani
Redaktion: Mira Landwehr
Lektorat: Verena Funtenberger und Claudia Renner
Gestaltung & Satz: Siebel1 Designbüro, Judith-Sophie Winkler
Druck: Beltz Bad Langensalza

www.stiftung-fuer-tierschutz.de
ISBN: 978-3-945032-00-8

Für die, deren Stimme nicht gehört wird
Für die, die nicht gesehen werden
Für die, die sich nicht wehren können
Für die, deren Leben vorbei ist, bevor es angefangen hat

Wir hören euch
Wir sehen euch
Wir fühlen mit euch
Wir geben nicht auf

INHALT

09	Vorwort
11	Man nehme…
18	Wenn es Frühling wird auf Hof Butenland
20	Frühlingsrezepte
24	Vom Milchviehbetrieb zum Kuhaltersheim
	Interview mit Jan Gerdes
32	Die Fotochronistin von Hof Butenland
	Interview mit Karin Mück
40	Butenland bevegt
	Menschen erzählen, warum sie vegan wurden
46	Wenn es Sommer wird auf Hof Butenland
48	Sommerrezepte
52	Das kleine Heldenhuhn
	Hilal Sezgin
64	Leuchten Sterne auch für Tiere?
	Marsili Cronberg
72	Wenn es Herbst wird auf Hof Butenland
74	Herbstrezepte
80	Eine Oma für Mattis
	Jeff Mannes
86	Die Schweineflüsterin
	Interview mit Anna Schubert
98	Wenn es Winter wird auf Hof Butenland
100	Winterrezepte
104	Kämpfen für die Freiheit
	Julya Dünzl
108	Traumjob mit wahren Männerfreundschaften
	Interview mit Pascal Streb
125	Bezugsquellen und Web-Empfehlungen
126	Register

VORWORT

Hallo liebe Leute,

gestattet, dass ich mich vorstelle. Ich bin Prinz Lui von und zu Butenland, Hofschwein auf einem wunderbaren Anwesen, das – wie könnte es anders sein? – denselben Namen trägt wie ich. Wo das liegt? Auf einer kleinen Halbinsel im Norden Deutschlands, die Butjadingen heißt. Nie gehört? Dann schaut mal auf die Landkarte zwischen Wilhelmshaven und Bremerhaven. Auf dem Hof lebe ich natürlich nicht allein, sondern zusammen mit vielen kuhlen Freundinnnen und saumäßig netten Gefährten: sozusagen meinem Hofstaat. Ach ja, und dann gibt es natürlich noch den Bauern und die Bäuerin und weitere wundervolle Menschen, die uns treu ergeben sind und denen unser Wohl und Wehe am Herzen liegt.

Wir tierischen Butenländer haben das große Los gezogen. Besser gesagt: Schwein gehabt! Denn Hof Butenland ist kein Bauernhof im üblichen Sinne (wo unweigerlich am Horizont der Schlachter auftaucht), nein, hier begegnen Vier- und Zweibeiner einander mit Respekt, Neugier, Zuneigung und Freude.
Bis ans Lebensende dürfen wir uns den Butenlandwind um die Nase wehen lassen, können das Butenlandgras wachsen hören, uns nach Herzenslust im Matsch suhlen, im Sand baden oder einfach nur faul in der Sonne dösen. Kurz: Uns geht's hier saugut!
Na ja, hin und wieder gibt es natürlich auch Zoff, zum Beispiel wenn das freche Rosa-Mariechen – ein Schweinchen, das sich für eine Kuh hält, pfff! – seinen neugierigen Rüssel überall reinsteckt. Oder wenn die Hühnerdamen versuchen, sich an der mir allein zustehenden Ananas zu vergreifen. Da muss ich als Prinz natürlich einschreiten!
Aber im Großen und Ganzen herrscht hier Friede, Freude, Apfelküchlein. Nachts unter meiner Strohdecke träume ich manchmal davon, dass die ganze Welt ein Butenland ist. Kein Tier muss mehr zu etwas nütze sein, sondern darf einfach nur leben.
Ob dieser Traum irgendwann in Erfüllung geht?

Viele Menschen sind mittlerweile Freunde und Mitstreiter geworden. Für sie, aber auch für alle, die uns noch nicht kennen und auf uns neugierig sind, haben wir in diesem Buch Bilder und Geschichten von unserem Hofleben zusammengestellt.
Aber das Tüpfelchen auf dem i, sozusagen die geschälte Ananas unter den Äpfeln, sind für mich die gesammelten Rezepte aus Karins Butenlandküche – garantiert tierfreundlich und saulecker!
Das kann ich beurteilen, schließlich bin ich als Gourmand und Gourmet landesweit bekannt.

Im Namen aller Butenländer danke ich den Butenlandfreunden, die mit Engagement und Begeisterung an diesem Buch mitgewirkt haben. Sie erhalten bei Gelegenheit meinen prinzlichen Stempel in die Kniekehle.
Ein saukuhler Dank gilt auch unseren Autorinnen und Autoren. Ich hoffe, sie sehen es ein und mir nach, dass ich als Hof- und Rampenschwein unbedingt das erste Wort haben musste. Im Folgenden halte ich mich zurück, versprochen.
Und nun, Leute, schlagt die nächste Seite auf, mit offenem Herzen und mit gezückten Kochlöffeln! Guten Appetit!

Euer rosa Prinz
Lui

MAN NEHME ...

1. ZUTATEN

Alle Rezepte in diesem Kochbuch sind erprobt und von uns für lecker befunden worden, denn vegan und guter Geschmack gehören für uns einfach zusammen. Für alle, die noch nicht so viel Erfahrung auf dem Gebiet der veganen Kochkunst mitbringen, haben wir vorab ein paar Tipps zu Einkauf, Lagerung und Zubereitung notiert. An einigen Stellen empfehlen wir die Produkte bestimmter Firmen. Keine Frage: Das ist Werbung und müsste nicht unbedingt sein. Doch wünschen sich unserer Erfahrung nach gerade vegane Neulinge Tipps, welche tierproduktfreien Alternativen lecker sind oder womit ein Gericht am besten gelingt. Hier gibt es Unterschiede etwa bei der Aufschlagbarkeit von Sahne oder der Konsistenz von Geschnetzeltem. Wir empfehlen daher bewusst das eine oder andere Produkt, das uns geschmacklich und in der Handhabung besonders überzeugt hat. An diese Empfehlungen muss man sich ja dann nicht unbedingt halten.

Obst und Gemüse
Wir raten zu frischem Obst und Gemüse statt zu Früchten aus der Dose zu greifen, da das Aluminium mit der Zeit oxidieren und sich in Früchten und Fruchtsaft ansammeln kann. Tiefgefrorene oder Früchte im Glas können wegen ihres oftmals höheren Reifegrades für empfindliche Mägen von Vorteil sein: Sie werden erntefrisch abgefüllt; man muss allerdings mit Einbußen bei den Vitaminen rechnen. Manche Obst- und Gemüsesorten verlieren nach der Ernte sehr schnell an Nährstoffen. Dies trifft zum Beispiel auf Spinat und Salat sowie auf Kirschen und Beeren zu. Obst und Gemüse sollten erst kurz vor der Verarbeitung gewaschen werden, sonst gehen die wasserlöslichen Vitamine verloren. Auch beim Kochen ist weniger Wasser meist mehr, damit nicht zu viele der Vitamine mit dem Kochwasser im Ausguss verschwinden.

Einige Obst- und Gemüsesorten reifen nicht nach – dazu gehören Ananas, Trauben, Beeren, Mandarinen, Orangen, Paprika, Gurke, Spargel, Salat. Das meiste Obst kann man nach Geruch kaufen: Reif ist, was gut riecht. Gemüse mit welken, weichen oder dunklen Stellen ist zu meiden; die Schale sollte fest, aber nicht steinhart sein. Auf in Plastik eingeschweißte Früchte sollte möglichst verzichtet werden, da ihre Qualität nicht erschnuppert oder ertastet werden kann und sich unter Umständen unter der Plastikfolie Kondensflüssigkeit bildet, die den Früchten schadet und Keimen ein ideales Klima bietet. Wir raten außerdem zu Obst und Gemüse aus kontrolliert biologischem Anbau, da die Belastung mit Pestiziden hier äußerst gering ausfällt und diese Früchte häufig auch durch besseren Geschmack überzeugen. Fast alle Obst- und Gemüsesorten können auch roh gegessen werden: So vermeidet man Nährstoffverlust und hat sofort eine einfache und gesunde (Zwischen-) Mahlzeit.

Obst und Gemüse wollen richtig gelagert werden: Für viele Gemüsesorten ist das Gemüsefach des Kühlschranks der beste Lagerort. Übrigens: Kühlschränke verbrauchen weniger Energie, wenn sie voll sind (eine mit Wasser gefüllte Schüssel oder ein paar Kühlakkus können hier gute Dienste leisten). Einige Obst- und Gemüsearten sondern das sogenannte Reifegas Ethylen ab und sollten getrennt von anderen Früchten gelagert werden. Zu ihnen zählen Äpfel, Aprikosen, Bananen, Birnen, Melonen, Pflaumen, Avocados und Tomaten. Man kann sich diese Eigenschaft jedoch auch zunutze machen, um unreife Früchte schneller nachreifen zu lassen, indem man einen Apfel oder eine Tomate dazulegt.

Alle Pflanzen enthalten Eiweiß, manche weniger, manche mehr. Eiweißmangel kommt bei abwechslungsreicher Ernährung praktisch nicht vor. In den sogenannten Industrienationen ist bei vielen Menschen sogar eine Überversorgung mit Eiweiß festzustellen.

Große Mengen Eiweiß enthalten Hülsenfrüchte wie Erbsen, Bohnen, Linsen, Kichererbsen, Soja und Lupinen. Ähnlich verhält es sich mit Vitaminen und Spurenelementen, die über die Nahrung aufgenommen werden:
Wer viele verschiedene Zutaten auf den Teller bringt, wird kaum einen Mangel herbeiführen können. Lediglich das Vitamin B12 muss supplementiert werden. Fleischesser und Kuhmilchtrinker tun dies übrigens indirekt, da den Tieren, deren Produkte sie verspeisen, diverse Vitamine und Mineralstoffe zugefüttert werden, die sie aufgrund der vorherrschenden Haltungsbedingungen nicht mehr in genügender Menge aufnehmen bzw. selbst produzieren können.

Pflanzenmilch & Co.
Es gibt im Handel eine Vielzahl von Pflanzenmilch, pur oder zum Beispiel mit Schoko-, Vanille- oder Bananengeschmack, mit oder ohne extra Kalzium und Vitamin B12,

auf Dinkel-, Hafer-, Soja-, Reis-, Haselnuss- oder Mandelbasis. Bis auf Sojamilch lässt sich Pflanzenmilch sehr einfach selbst herstellen:

Mandelmilch (für 500 ml)
125 g Mandeln
200 ml Wasser zum Einweichen
600 ml Wasser zum Pürieren
1 TL Agavendicksaft
1 Prise Salz

Mandeln mindestens 4 Stunden einweichen. Wasser abgießen, Mandeln abspülen und mit frischem Wasser 1 bis 2 Minuten im Mixer pürieren. Die Mandelmilch durch ein feines Sieb oder ein sauberes Küchentuch filtern. Mit Agavendicksaft und Salz abschmecken. Das feuchte Mandelpüree entweder sofort als Basis für einen leckeren Kuchen verwenden oder gut trocknen und später aufbrauchen. Auch für Kuhmilchsahne finden sich diverse Alternativen von Dinkel-, Hafer- oder Sojasahne zum Kochen bis zu gesüßter aufschlagbarer Sahne auf Kokos-, Soja- oder Reisbasis für Kuchen und Torten.

Mandelsahne ist ebenfalls nicht schwer in der Herstellung: Für ca. 300 ml Mandelsahne 100 ml Mandelmilch mit 50 ml Bratöl 30 Sekunden mixen. Nach und nach 100 g Kokosmilch (den festen Teil), 1 EL Zitronensaft und 1 TL Apfel- oder Weißweinessig dazugeben und nochmals kurz mixen.

Was Joghurt betrifft, ist die Auswahl bisher noch recht übersichtlich: Es gibt ihn nur auf Sojabasis und auch nur von wenigen Anbietern; leider verzichtet lediglich eine Firma auf den unnötigen Zuckerzusatz im Naturjoghurt. Wir empfehlen daher den Sojajoghurt von Sojade. Wer Soja nicht mag oder nicht verträgt, kann sich leicht selbst joghurtähnliche Cremes mixen wie zum Beispiel Cashewcreme (S. 112) oder Mandelcreme (S. 56). Wegen des relativ hohen Fettgehalts sollten diese Cremes allerdings in Maßen genossen werden.

Süßungsmittel

Neben weißem Kristallzucker gibt es noch einige andere Zuckersorten: Am nächsten kommt ihm - was die Süßkraft betrifft - der Rohrohrzucker. Beim Vollrohrzucker beträgt die Süßkraft noch 92 Prozent. Er hat eine dunkle Färbung und einen deutlich karamellartigen Geschmack. Daneben finden sich noch diverse flüssige Süßungsmittel: Ahornsirup in den Graden A und C, wobei Grad A hell und mild ist, während Grad C dunkler ist und würziger schmeckt. Karamellsirup, Vanillesirup und verschiedene Fruchtsirupe wie Apfel- oder Birnendicksaft süßen mit deutlichem Eigengeschmack der jeweiligen Früchte bzw. Gewürze. Agavendicksaft hat eine meist goldene Farbe und süßt 1,25 mal stärker als weißer Kristallzucker. Reissirup hat ebenfalls eine goldgelbe Farbe, schmeckt leicht malzig und süßt je nach Sorte etwa halb so stark wie Kristallzucker.

Salze

Beim handelsüblichen Speisesalz (auch als Koch- oder Tafelsalz bezeichnet) handelt es sich um Stein- oder Meersalz, wobei Steinsalz genau genommen ebenfalls Meersalz ist, das vor Jahrmillionen durch Austrocknen von Urmeeren entstanden ist. Daneben gibt es im Handel verschiedene Kräuter-, Gewürz- und Rauchsalze. Speisesalz wird raffiniert, mit Rieselhilfen versehen und häufig jodiert und/oder fluoridiert angeboten, teilweise wird auch Folsäure zugesetzt. Im Bioladen ist Meersalz erhältlich, das mit jodhaltigen Algen angereichert ist.
Das teuerste Meersalz ist das sogenannte Fleur de Sel (dt.: Salzblume), das von Hand geerntet und nicht weiterverarbeitet wird. Dieses Salz sollte man nicht zum Kochen, sondern nur für kalte Speisen wie Salate oder zum abrundenden Würzen der fertigen Gerichte verwenden.

In einigen unserer Rezepte kommt Zitronen- bzw. Orangensalz zum Einsatz. Dies lässt sich schnell und einfach herstellen, indem man die abgeriebene Schale einer Zitrone mit fünf bis sechs Teelöffeln Salz vermengt. Für das Orangensalz vermischt man, je nach Größe der Orange und gewünschter Intensität, etwa 8 Teelöffel mit der abgeriebenen Orangenschale.
Auch Kräutersalz lässt sich leicht selbst herstellen: Frische Kräuter wie Basilikum, Oregano, Thymian, Petersilie, Schnittlauch oder Liebstöckel sehr fein hacken, mit der gleichen Volumenmenge an feinem oder grobem Meersalz vermischen und in ein Schraubglas füllen. Die Kräuter werden durch das Salz automatisch konserviert und das Kräutersalz bleibt im Kühlschrank bis zu sechs Monate haltbar. Die Haltbarkeit verlängert sich, wenn man die zerkleinerten Kräuter mit dem Salz auf ein Backblech gibt und im Backofen bei 40 °C mit spaltbreit geöffneter Ofentür (indem man einen Kochlöffel dazwischenklemmt) etwa drei Stunden lang trocknet und anschließend in verschließbare Gläser füllt. Auch dem Zitronensalz kann man noch Kräuter oder Gewürze nach Wahl hinzufügen, hierfür eignen sich zum Beispiel Dill, Vanille oder getrocknete essbare Blüten, etwa von Kornblumen oder Sonnenblumen. Milder wird es, wenn Fleur de Sel dazu verwendet wird.

Bei Erkältungskrankheiten hilft Gurgeln und Inhalieren mit Salzwasser dabei, die Schleimhäute zu desinfizieren und den Hustenreiz zu lindern.

Öle und Fette

Man unterscheidet bei Ölen generell zwischen nativen (kaltgepressten) und raffinierten Ölen, wobei letztere auch große Hitze vertragen, während kaltgepresste Öle hitzeempfindlich sind. Beim Frittieren entstehen Temperaturen bis 180 °C, beim Braten in der Pfanne oder im Wok können Temperaturen von über 200 °C erreicht werden. Zum Frittieren oder längeren Braten bei großer Hitze eignen sich Rapsöl, Erdnussöl und Kokosfett sowie spezielles Bratöl (wie High-Oleic-Sonnenblumenöl), das relativ geschmacksneutral ist. Kaltgepresste Öle sollten nicht oder nur kurz erhitzt werden, da durch die Hitzeeinwirkung nicht nur Vitamine und Geschmack verloren gehen, sondern auch gesundheitsschädliche Transfettsäuren entstehen können. Wenn das Öl in der Pfanne anfängt zu rauchen, ist das ein deutliches Zeichen dafür, dass es zu heiß geworden ist. Neben den bekanntesten Ölen wie Oliven-, Raps- und Sonnenblumenöl gibt es eine Vielzahl weiterer Öle, zum Beispiel aus Walnüssen, Leinsamen, Disteln, Sesam, Hanf, Kürbiskernen, Haselnüssen und Mandeln. Gebrauchtes Frittieröl kann man durch ein feines Sieb filtern, in einer Pfanne erhitzen und Haferflocken darin 4 bis 5 Minuten wenden, bis sie eine goldbraune Färbung annehmen: ein Leckerbissen und Winterfettlieferant für Rotkehlchen, Zaunkönig, Amsel und Star. Wer Margarine aufs Brot möchte, findet eine vegane Auswahl auf Soja-, Oliven- oder Sonnenblumenbasis. Wir empfehlen, Margarine sparsam zu verwenden, da sie gehärtete Fette, Emulgatoren sowie zugesetzte Vitamine und Aromen enthalten kann und damit nicht zu den allergesündesten Nahrungsmitteln gehört. Gesünder als Butter ist sie aber ohne Zweifel, allein schon für Kuh und Kalb.

2. KÜCHENHELFER

Für fast alle Geräte und Helfer gilt: Am besten guckt man sie sich vorher im Laden an und probiert, ob das Messer gut in der Hand liegt, ob die Reibe rutschfest ist oder wie viel der Pürierstab wiegt. Ob es taugt, entscheidet sich zwar meist doch erst beim wiederholten Gebrauch, aber man kann einige Kandidaten oft schon durch schlichtes Anfassen aussortieren.

Wenn man einen der in den Rezepten verwendeten Helfer nicht in der eigenen Küche vorfindet, kann man sich meist auch anders helfen: Statt mit einem Nudelholz lässt sich Teig auch mit einem eingeölten Glas oder einem henkellosen Becher ausrollen. Und eine Tarte-Form sieht zwar hübsch aus, für Kuchen oder Tartes eignet sich aber auch eine gewöhnliche Springform. Manche Gerätschaften braucht man so selten, dass sich auch Teilen oder Ausleihen statt Kaufen anbietet.

Messer
Zur Grundausstattung sollte ein kleineres Obst- und Gemüsemesser gehören. Zum Zerteilen von hartem Gemüse wie Möhren eignet sich ein schwereres Kochmesser; auch Knoblauch oder frische Kräuter lassen sich damit wunderbar klein hacken (deswegen wird es mitunter auch Hackmesser genannt). Ein Wellenschliffmesser ist die erste Wahl für weiche und druckempfindliche Früchte wie Tomaten (auch alle Brotmesser sind mit dieser speziellen Klinge versehen). Last not least: Wer sich nicht immer die Finger an heißen Pellkartoffeln verbrennen will, greift am besten zu einem handlichen Sparschäler und schält die Kartoffeln vor dem Kochen. Ohne scharfe Messer macht das beste Rezept keinen Spaß: Je nachdem, wie sehr sie beansprucht werden, sollten sie von Zeit zu Zeit nachgeschliffen werden. Anleitungen hierzu gibt es im Internet (Wellenschliff- und andere Spezialmesser sollten jedoch am besten zum professionellen Schleifer gebracht werden).

Schneidebretter
Holz besitzt im Gegensatz zu Plastik eine natürliche antibakterielle Wirkung. Verantwortlich dafür sind sogenannte Gerbstoffe (Tannine), die besonders in den Harthölzern Hainbuche, Kirsche, Kiefer, Ahorn, Eiche und Olive, aber auch in allen anderen Hölzern vorkommen. Wer seine Schneidebretter gut behandelt, kann sie mindestens ein halbes Leben lang benutzen. Hierzu ist nur ein wenig Pflege nötig: Nach Gebrauch heiß abspülen, abtrocknen und an der Luft durchtrocknen lassen; ab und zu leicht mit Olivenöl einreiben. Essig hilft, starke Gerüche von Knoblauch & Co. zu neutralisieren. Gut ist es dennoch, verschiedene Bretter für Gemüse, Kräuter und Obst zu benutzen. Wenn ein Brett nach jahrelanger Benutzung viele Furchen aufweist, kann man die Oberfläche von einem Schreiner abschleifen lassen.

Kochlöffel und Pfannenwender
Wir empfehlen Kochlöffel und Pfannenwender aus Holz. Zum einen handelt es sich um ein nachwachsendes Material, zum anderen können die Plastikvarianten dieser Küchenhelfer giftige Stoffe wie Formaldehyd enthalten, die bei Temperaturen ab 70 °C oder bei Kontakt mit Säure (z.B. Zitronensaft) gelöst und mitgegessen werden. Unter den Kunststoffen sind in den letzten Jahren besonders Melamin (MF; krebserregend, nierenschädigend), Polyvinylchlorid (PVC; enthält Weichmacher) und Polycarbonat (PC; enthält das hormonell wirksame Bisphenol A) nachteilig aufgefallen.

Holzbesteck gehört nicht in den Geschirrspüler! Die lange Einweichzeit macht das Holz weich und rissig. Stattdessen sollte man es nach Gebrauch gut abspülen und abtrocknen. Brüchigkeit kann entgegengewirkt werden, wenn man das Holz von Zeit zu Zeit mit etwas Olivenöl einreibt.

Töpfe und Pfannen
Sinnvoll sind Töpfe und Pfannen mit Glasdeckel, damit man sieht, was man kocht, wenn der Deckel aufliegt.
Um sich vor Verbrennungen zu schützen, sollte man sich vor dem Kauf informieren, ob die Griffe während des Kochens und Bratens heiß werden. Generell sollte man darauf achten, dass der Durchmesser des Topf- oder Pfannenbodens zur Herdplatte passt: Ist die Platte zu klein, kann sich der Boden verziehen. Auch bei sehr dünnen oder nach außen gewölbten Böden besteht diese Gefahr. Das Material des Kochgeschirrs richtet sich danach, wofür

es verwendet werden soll. Je nach Material muss mit mehr oder weniger Fett gearbeitet werden und auch die Aufheizzeiten sind unterschiedlich. Allgemein ist zwischen beschichteten und unbeschichteten Pfannen- bzw. Topfböden zu unterscheiden.

Edelstahltöpfe und -pfannen sind weit verbreitet und es gibt sie beschichtet oder unbeschichtet. Sie eignen sich sowohl zum scharfen Anbraten als auch für Geschmortes. Wichtig ist, den Topf bzw. die Pfanne erst zu erhitzen, bevor man Öl hineingibt, da das Bratgut sonst schnell am Boden anklebt. Mit dem ersten Wenden sollte man sich etwas Zeit lassen: Das Bratgut haftet zunächst etwas am Boden an, nach einigen Minuten löst es sich aber automatisch ab. Empfindliche Nickelallergiker sollten vorsichtig sein, da aus Edelstahl geringe Mengen Nickel austreten können.

Eisen- oder Gusseisenpfannen sind besonders für scharfes Anbraten geeignet. Wässrige Flüssigkeiten wie Gemüsebrühe oder stark wasserhaltige Früchte wie Tomaten sollte man darin nicht verwenden bzw. zubereiten, da das Eisen hierdurch rostig werden kann. Sie müssen zunächst eingebraten werden, dürfen nicht in den Geschirrspüler und sollten nur mit einem feuchten Tuch oder klarem Wasser gereinigt werden. Falls doch mal etwas angebrannt ist, hilft grobkörniges Salz, das man mit einem Küchentuch über den Boden reibt. Ab und zu sollte man den Boden dünn mit Öl einreiben. Nach und nach entsteht durch den Gebrauch eine natürliche Beschichtung.

Was in Omas Küche selbstverständlich war, entwickelt sich derzeit zu einem Küchentrend: Kochgeschirr mit Keramik- bzw. Emaillebeschichtung. Töpfe und Pfannen aus Eisen können mit einer dünnen Emailleschicht überzogen werden, wodurch auch das Garen mit Flüssigkeit kein Problem darstellt. Emaillierte Pfannen brauchen nicht eingebraten zu werden. Zur Reinigung genügen kaltes Wasser und ein weicher Küchenschwamm.
Man sollte allerdings kein kaltes Wasser in den noch heißen Topf oder die heiße Pfanne gießen, da hierdurch die Emaille abplatzen und das Metall darunter Rost ansetzen kann.

Die wohl am meisten verwendete Antihaftbeschichtung ist Polytetrafluorethylen (PTFE), bekannt unter dem Handelsnamen Teflon. Sie kommt meist bei Aluminiumpfannen zum Einsatz. Ihr Vorteil besteht darin, dass sie leicht sind und kaum etwas anbrennt. Die Beschichtung verträgt allerdings nur Temperaturen bis 260 °C; wird sie stärker erhitzt, verliert sie ihre Wirkung und kann sich ablösen. PTFE-Beschichtungen sind in letzter Zeit in die Kritik von Verbraucherschützern geraten.
Auch das Bundesinstitut für Risikobewertung warnt davor, Pfannen mit einer solchen Beschichtung länger als drei Minuten leer zu erhitzen, da ab einer Temperatur von 360 °C giftige Dämpfe entstehen, deren Einatmen sogar zum Tod führen kann. Vögel reagieren empfindlicher als Menschen auf diese Dämpfe, für sie sind sie schon bei etwa 200 °C tödlich.

Wer viel kocht und backt, wird sich vielleicht auch noch einen Wok oder Spezialtöpfe wie einen Spaghettitopf oder Helferlein wie eine Wasserbadschüssel anschaffen. Man kann aber auch ohne leben.

Backformen
Praktisch sind Springformen. Auch hier gibt es verschiedene Ausführungen, die meisten werden mit Antihaftbeschichtung geliefert und vertragen den Geschirrspüler nicht besonders gut. Es gibt auch Formen mit Glasboden, auf dem man den Kuchen oder die Torte direkt servieren kann. Formen aus Glas oder Keramik sind zwar schwerer und können zerbrechen, wenn sie auf die Küchenfliesen fallen. Allerdings halten sie zum Teil sehr hohe Temperaturen aus (manche Keramikformen sind auch für die Herdplatte, etwa zum Karamellisieren, geeignet) und können direkt zum Servieren verwendet werden. Darüber hinaus gibt es Formen für Muffins in unterschiedlichen Größen, Formen für Vanillekipferl und solche für Kindergeburtstage und sonstige Feiertage in Herz-, Stern- oder Bärenform. Der neueste Hit einiger Hersteller sind Silikonbackformen. Ob und inwieweit aus diesen Formen gesundheitsschädliche Stoffe austreten können, ist nicht hinlänglich untersucht. Wir tendieren daher vorerst zum Altbekannten.

Handmixer und Küchenmaschine
Wer viel backt und auch sein Brot selbst macht, wird früher oder später die Vorzüge einer leistungsstarken Küchenmaschine zu schätzen wissen. Zum Sahneaufschlagen, Verquirlen und für lockere Teige reicht ein einfacher Handmixer vollkommen. Für flüssige Teige wie Pfannkuchenteig ist ein Schneebesen die beste Wahl. Viele Rührteige lassen sich auch mit einem stabilen Esslöffel und etwas Muskelkraft herstellen.

Standmixer und Stabmixer
Man braucht nicht gleich einen mehrere hundert Euro teuren Vitamix oder Thermomix, um Obst, Gemüse und Nüsse kleinzukriegen. Mixer sollten mindestens 700 Watt haben, beim Stabmixer (auch Pürierstab genannt) reichen 400.
Beim Standmixer ist auf gute Anhaftung der Saugnäpfe am Boden zu achten. Standmixer, deren Mixbehälter nicht fest mit dem Messereinsatz verbunden ist, sind leichter zu reinigen. Außerdem bieten viele Hersteller für diese Geräte Ersatzteile an, sodass man zum Beispiel bei Verschleiß eines Gummirings nicht gleich ein neues Gerät kaufen muss. Vorsicht ist beim Zerkleinern von Eiswürfeln geboten: Gefrorenes Wasser ist erstaunlich hart und überfordert viele Mixer. Wenn das Gerät vom Hersteller nicht ausdrücklich zum Eis-Crushen ausgewiesen ist, sollte man

es lieber sein lassen und die Eiswürfel besser in einen Gefrierbeutel füllen und mit dem Nudelholz zerkleinern.

Zweiteilige Stabmixer sind besser zu reinigen, da beim Saubermachen kein störendes Kabel im Weg ist. Auch wenn manche Hersteller es behaupten: Der Schaft, in dem das Messer sitzt, gehört nicht in den Geschirrspüler, sondern sollte möglichst direkt nach Gebrauch unter fließendem Wasser gereinigt werden.

Messbecher und Waage

Optimal finden wir eine Digitalwaage mit wiederaufladbarer Batterie und zwei Messbecher: einen mit einem Liter Volumen und einen kleineren mit etwa 400 Milliliter Fassungsvermögen. Zum Sahneaufschlagen eignet sich am besten ein Becher mit dicker Glaswand. Dünneres Glas kann bei der Arbeit mit dem Handmixer splittern und auch Plastik kann hiervon in Mitleidenschaft gezogen werden – und wer will schon Plastikspäne in der Kokossahne? Die meisten Messbecher haben auch Skalen für Zucker, Mehl und Rosinen. Für eine kleine Küche kann daher ein Messbecher der Waage vorzuziehen sein. Mit etwas Übung braucht man auch nicht mehr alles abzuwiegen, sondern entwickelt ein Gefühl dafür, welches Verhältnis der Zutaten zu einem guten Ergebnis führt.

Zitruspresse

In vielen unserer Rezepte wird frisch gepresster Zitronen- oder Orangensaft verwendet. Zum Auspressen rollt man die Früchte vorher mit leichtem Druck über eine glatte Oberfläche: So kann mehr Saft gewonnen werden. Da besonders Zitronen einen hohen Säuregehalt haben, sollte man lieber eine Presse aus Glas statt aus Kunststoff wählen (vgl. den Hinweis zu Kochlöffeln und Pfannenwendern). Glas ist geschmacksneutral und abriebfest.

Backpinsel

Backpinsel gehören zu den Dingen, die man nicht unbedingt braucht, von denen man sich aber ungefähr einmal im Jahr wünscht, man besäße sie. Wer sich einen anschaffen möchte, sollte genau schauen, ob echte Borsten verarbeitet wurden und im Zweifelsfall lieber zu einem Pinsel mit Silikonborsten greifen (auch wenn wir, was die Backformen angeht, bei Silikon Bedenken geäußert haben).

Gemüsebürste und Gemüseputzhandschuhe

Gemüsebürsten gibt es mit Borsten aus Fibre und Bassine, dabei handelt es sich um Blattrippenfasern von Agaven bzw. Palmen. Bürsten mit Nylonborsten und Edelstahlgriff sind ebenfalls erhältlich. Der Edelstahl hilft, nach dem Zwiebel- oder Knoblauchschneiden die intensiven Gerüche wieder von den Händen zu bekommen, indem man den Griff unter fließendem Wasser an den Handinnenflächen reibt. Ein ökologisches Nischenprodukt stellen Bürsten dar, für deren Borsten eine Mischung aus Faserborsten und recyceltem Kunststoff verwendet werden. Im Handel werden außerdem Gemüseputzhandschuhe angeboten, mit deren Hilfe sich von Kartoffeln, Möhren & Co. unter fließendem Wasser schnell und einfach Erde und Schmutz entfernen lassen.

Reibe und Spiralschneider

Eine Reibe ist ein praktischer Küchenhelfer, der nicht viel Platz wegnimmt. Wichtig ist, dass sie gut anzufassen ist und bei der Arbeit keine Abrutschgefahr besteht. Vierkantreiben haben einen recht sicheren Stand. Außerdem gibt es Reiben, die an der dem Griff gegenüberliegenden Seite gummiert sind, damit sie weniger auf der Arbeitsfläche verrutschen. Es gibt auch kombinierte Geräte, bei denen die Reibe in einen Aufsatz für eine Rührschüssel integriert ist.

Spiralschneider gehören vielleicht in die Kategorie „brauche ich nicht wirklich". Wir möchten unseren aber nicht mehr missen. Mit so einem Küchengerät kann man aus Kartoffeln, Möhren, Kürbis, Gurke, Zucchini, Radieschen und Roter Bete verschiedenförmige Gemüsespiralen herstellen, die in vielen Fällen auch roh genossen werden können. Die bunten Spiralen sind ein Hingucker auf jedem Teller. Das Modell, das bei der Zubereitung einiger Rezepte in diesem Buch zum Einsatz kam, ist der Spirali der Firma Lurch. Mit den drei mitgelieferten Messereinsätzen lassen sich breite Spiralen sowie zwei verschieden dicke „Spaghetti" herstellen. Wichtig ist, nach Gebrauch die einzelnen Teile rasch von Gemüseresten zu befreien und abzuwaschen, da sich sonst Keime ausbreiten können. Und wie bei allen anderen Geräten mit scharfen Messern gilt: die Messereinsätze nicht in den Geschirrspüler tun. Wer keinen Spiralschneider besitzt, kann die Rezepte natürlich trotzdem nachkochen: dafür das Gemüse hobeln oder in schmale Stifte schneiden, eventuell verlängert sich die Garzeit dadurch etwas.

3. HILFREICHE ANGABEN

Mengen

Die Mengenangaben bei den Rezepten sind – sofern nicht anders angegeben – so berechnet, dass zwei Menschen davon satt werden. Generell gilt: Die Rezepte sind als Anregungen zu verstehen und sollten auch gelingen, wenn man sich nicht hundertprozentig an die Zutatenlisten hält. Anstelle von Hafermilch für Pfannkuchen kann auch Soja- oder Reismilch verwendet werden. Wer es süßer mag, nimmt für den

Kuchenteig etwas mehr Zucker und wer nur eines von den kombinierten Gerichten zubereiten möchte, kann zum Beispiel bei den Suppen etwa die doppelte Menge rechnen, um sie als Hauptgericht zu genießen. Wenn von Saucen oder Dips etwas übrig bleibt, können diese entweder am nächsten Tag verlängert oder angedickt mit Hefeflocken oder gemahlenen Nüssen als Brotaufstrich verwendet werden.
Wer Erfahrung hat, kann mit Gewürzen und Kräutern experimentieren.

Zeiten und Temperaturen
Die Angaben zu Backzeiten und -temperaturen beziehen sich auf einen normalen Elektroherd. Die Tabelle gibt ungefähre Richtwerte für Umluft- und Gasherde. Generell gilt: Jeder Herd ist anders! Daher sollte man immer mal zwischendurch einen Blick hineinwerfen und gegebenenfalls schon vor Ende der angegebenen Backzeit testen, ob das Backgut fertig ist. Bei Kuchen hat sich bewährt, während der letzten 10 bis 15 Minuten ein Stück Alufolie über die Form zu legen, damit die Oberfläche nicht zu dunkel wird.

Elektroherd (°C)	Umluft (°C)	Gasherd (Stufe)
150	130	1
160	140	1
170	150	1-2
180	160	2
190	170	2-3
200	180	3
210	190	3-4
220	200	4
230	210	4-5
240	220	5
250	230	5-6
260	240	6
270	250	6-7
280	260	7
290	270	7-8
300	280	8

Abkürzungen
EL	Esslöffel
TL	Teelöffel
Msp.	Messerspitze
Pck.	Packung bzw. Päckchen
ml	Milliliter
g	Gramm
TK	Tiefkühl-

KARIN UND DIE "ZWILLINGE" ANNA UND LARA

WENN ES FRÜHLING WIRD AUF HOF BUTENLAND, HEIßT ES FÜR DIE RINDER: STURM AUF DIE PRÄRIE

Der letzte Schnee, das letzte Eis weichen, die Weiden sind zwar noch etwas matschig, aber aus dem Braun wird zunehmend Grün, und die Kühe und Ochsen verlassen wieder für längere Zeit den gemütlichen Stall und gehen auf Streifzug bis zum Horizont. Nicht nur die jüngeren Tiere machen dabei Kapriolen, auch unsere älteren Damen und Herren werden wieder zu verspielten Kälbern, wenn ihnen der erste Frühlingsduft in die Nasen steigt und die Weite der Prärie lockt. „Süß, ne? Wie Ponys", sagt Karin dann. Echte Ponys gibt es übrigens auch auf Hof Butenland. Durch gute Pflege und konsequentes Fernhalten von frischem Gras können die ehemals hufrehegeplagten Kleinpferde Kaspar und Monopoly heute springen, hüpfen, toben und mit den beiden Großen Loriot und Cello um die Wette laufen, dass ihre Mähnen nur so flattern. Erstaunlicherweise müssen Pferde nämlich gar nicht „bewegt werden", sie können das tatsächlich von ganz alleine!

Auch die anderen Tiere erwachen sichtlich aus ihrem Winterschlaf: Die Hunde wagen sich zu mehr als den nötigen Hundegeschäften nach draußen, Prinz Luis tägliches Schlafpensum reduziert sich langsam auf nur noch 20 Stunden, die Katzen sind frecher als üblich und die Gänse beginnen mit dem Nestbau.

Für die Menschen auf Hof Butenland gilt nun: Je länger die Tage werden, je mehr Arbeit ist draußen zu erledigen und wie in den meisten Haushalten heißt es auch bei uns: Frühjahrsputz! Allerdings beschränkt sich der nicht auf das Wohnhaus, nein, auch der Kuhstall, die Hühnerherberge, die Schweinequartiere und die Kaninchenvilla sowie die zugehörigen 800 Quadratmeter Kaninchengarten werden aufgeräumt und geputzt. Und nach dem Ausmisten des Kuhstalls wird aufgehübscht: Die Wände werden abgesprüht und frisch gekalkt. Doch nicht nur für unsere Dauerbewohner, auch für gefiederte Saisongäste wird gesorgt: Da auch Wildvögel sich bei uns wohlfühlen, überprüfen wir im Frühjahr die Nistkästen und erneuern sie, wenn nötig. An allen Ecken und Enden finden sich Stellen, die nach Frost und Eis reparaturbedürftig sind. Die Wassergräben, die unsere Flächen durchziehen, müssen kontrolliert und gegebenenfalls neu gesichert werden. In loser Folge müssen sie auch wieder neu ausgebaggert werden, da sie sonst irgendwann versanden. Damit weder die Rinder noch wir auf den im Winter sehr uneben gewordenen Weiden straucheln, werden diese jetzt ordentlich gewalzt.

Aber neben all der Arbeit freuen wir uns in dieser Zeit über die ersten Spaziergänge mit den Hunden zu den Rindern auf die Weide. Dort können wir uns gemütlich an einen warmen Kuhrücken gelehnt ein paar Minuten Pause und Entspannung in der Sonne gönnen, denn einige unserer Kühe und Ochsen schätzen sichtlich die menschliche Gesellschaft und lassen uns nah an sich heran. Dies sind immer wieder besondere Momente, die durch nichts aufzuwiegen sind.

MÖHREN-LAUCH-TARTE

für eine Tarte- oder Springform
mit 26 cm Durchmesser

Teig
250 g Weizenmehl Type 550
1 Msp. Salz
125 g weiche Margarine
50 ml kaltes Wasser
etwas Olivenöl zum Fetten der Form

Füllung
400 g Lauch
400 g Möhren
2 rote Zwiebeln
1 EL Olivenöl

Sahnecreme
250 ml Hafersahne
(oder auch andere Pflanzensahne)
4 EL Hefeflocken
3 EL Reismehl
2 TL Kurkuma
½ TL Salz
1 Msp. Pfeffer

Für den Teig Mehl, Salz, Margarine und Wasser mit den Knethaken des Handmixers zu einem glatten Teig verarbeiten.
Mit den Händen zu einer festen Kugel formen, in ein Geschirrhandtuch wickeln und 30 Minuten in den Kühlschrank legen.

Hafersahne, Hefeflocken, Reismehl, Kurkuma, Salz und Pfeffer zu einer dickflüssigen Creme verrühren.

Lauch waschen und in ca. 1 cm dicke Scheiben schneiden.
Möhren waschen, putzen und fein raspeln.
Zwiebeln schälen und würfeln.

Backofen auf 200 °C vorheizen.

Olivenöl in einer Pfanne erhitzen und die Zwiebeln darin glasig dünsten.
Lauch hinzugeben und bei mittlerer Hitze 4 bis 5 Minuten andünsten.
Von der heißen Herdplatte nehmen und zur Seite stellen.

Zwei Drittel des Mürbeteigs auf einer bemehlten Arbeitsfläche kreisrund ausrollen und in die leicht eingefettete Form geben.
Den restlichen Teig zu einer gleichmäßig dicken Rolle formen und als Rand auf den Boden setzen. Die Teigrolle am Rand fest andrücken und ca. 3 cm mit einem Löffel hochziehen.
Den Teig mit einer Gabel einstechen und ca. 10 Minuten auf der unteren Schiene im Ofen vorbacken. Teig etwas abkühlen lassen.

Die Sahnecreme zum Gemüse geben, verrühren und alles gleichmäßig auf dem Boden verteilen. Im heißen Backofen auf unterer Schiene 25 bis 30 Minuten backen.

Lauch gehört zu den Liliengewächsen. Er wirkt durchblutungsfördernd, antibakteriell und lipidsenkend, kann also den Cholesterin- und Fettspiegel im Blut positiv beeinflussen.

MANDELPFANNKUCHEN MIT GEBRATENEM SPINAT UND MANGO-SAUCE

für 4 große oder 8 kleine Mandelpfannkuchen

50 g gemahlene Mandeln
2 EL Gomasio (Sesam, geröstet und gesalzen)
180 g Weizenmehl Type 550
1 ½ TL Backpulver
1 ½ TL Reismehl (alternativ Sojamehl)
1 EL Erdnussöl
250 ml Hafermilch
Bratöl

Gebratener Spinat
300 g Blattspinat, frisch oder TK
1 zerdrückte Knoblauchzehe
10 g zerhackte Ingwerwurzel
100 g getrocknete, in Öl eingelegte Tomaten
1 Prise Chili (gemahlen)
½ TL Koriander
½ TL Cumin

Mango-Sauce
200 g Mangostücke
200 g Sojajoghurt
1 EL Mandelmus
1 EL Apfelessig
Pfeffer, Salz
(nach Belieben etwas Curry oder Gelbwurz)

Für den Pfannkuchenteig erst die trockenen Zutaten vermischen, dann Erdnussöl und Hafermilch mit einem Schneebesen einrühren. Etwa 10 Minuten stehen lassen.

Währenddessen den Spinat waschen und zwischen zwei Küchentüchern abtrocknen, anschließend klein zupfen.
Wenn Tiefkühl-Spinat verwendet wird, diesen im Topf bei mittlerer Hitze auftauen, anschließend in ein sauberes Küchentuch schlagen und die überschüssige Flüssigkeit auspressen. Tomaten klein schneiden. Ingwer und Knoblauch schälen und klein hacken.

Mangostücke, Sojajoghurt und Mandelmus fein pürieren und mit Apfelessig und Gewürzen abschmecken.

In einer Pfanne Bratöl erhitzen und je Pfannkuchen etwa eine Schöpfkelle Teig auf dem Pfannenboden verteilen und von beiden Seiten goldbraun braten.

Einen Esslöffel Öl von den eingelegten Tomaten abnehmen und in einer zweiten Pfanne erhitzen. Ingwer und Knoblauch darin etwa 2 Minuten anbraten. Spinat dazugeben und einige Minuten mitbraten. Zum Schluss Tomaten hinzugeben und mit Koriander, Cumin und Chili würzen.

Die Pfannkuchen auf Teller verteilen, Spinat daraufgeben und mit Mango-Sauce servieren.

> Spinat sollte möglichst am Tag des Einkaufs verarbeitet werden, denn er verliert sehr schnell seine Nährstoffe.
> Das grüne Blattgemüse ist reich an Vitamin C, Folsäure, Magnesium und Kalium, enthält aber wie Spargel viel Purin (Gicht- und Nierenkranke sollten ihn daher meiden).
>
> Die alte Küchenweisheit, dass man Spinat nicht wieder aufwärmen darf, stammt noch aus der Zeit, als die meisten Haushalte ohne Kühlschrank waren.
>
> Gekocht und anschließend kühl gelagert kann er unbedenklich auch am zweiten Tag noch genossen werden. Kleinkinder sollten Spinat zur Vorsicht dennoch erst nach dem sechsten Lebensmonat bekommen.

VOM MILCHVIEHBETRIEB ZUM KUHALTERSHEIM

Du bist zeitlebens für das verantwortlich, was du dir vertraut gemacht hast. –
Antoine de Saint-Exupéry

Jan, du bist auf Hof Butenland aufgewachsen und hast den Milchviehbetrieb, als du ihn Mitte der 80er Jahre von deinem Vater übernommen hast, von konventioneller Haltung auf Demeter umgestellt. Seit 2002 wird auf Hof Butenland gar keine Milch mehr produziert.
Wie kommt ein Milchbauer auf die Idee, ein Kuhaltersheim zu gründen?
Das ist eine sehr komplizierte Frage. Ich habe ja nicht vorgehabt, ein Kuhaltersheim zu gründen, während ich noch Milchbauer war. Das hat sich so ergeben. Ich hatte erst mal beschlossen, kein Milchbauer, kein Tierbauer mehr zu sein, hatte zu dem Zeitpunkt aber noch gar keinen Plan, was anschließend passieren sollte. Die Tiere waren verkauft und wurden dann auch abgeholt, bis auf zehn, die nicht mehr auf den Transporter passten. Und weil das so ein trauriges Erlebnis war, die ganze Kuhherde vom Schlachttransporter abholen zu lassen, kam ganz spontan der Entschluss, die letzten zehn doch nicht mehr zu verkaufen und sie stattdessen hierzubehalten.
Dann stellte sich bald die Frage, wie will man das längerfristig finanzieren und absichern. Damals waren gerade Feriengäste auf dem Hof, die das alles ganz spannend fanden und sich bereit erklärten, etwas zu spenden. Schließlich haben wir uns mit einem Notar in Verbindung gesetzt und ihm unser Anliegen geschildert: dass die Spenden sicher angelegt werden sollen, dass keiner auf die Idee kommt, die Tiere irgendwann doch zu schlachten. Im Dezember 2007 war alles geregelt und seitdem ist Hof Butenland eine rechtsfähige Stiftung für Tierschutz.

Inzwischen leben nicht nur Kühe und Ochsen im Kuhaltersheim…
Wir hatten am Anfang das Gefühl, auf unserem Hof fehlten Hühner. Und gerade, als wir so darüber nachdachten, kamen Tierbefreier zu uns und brachten uns ganz viele Hühner! Auch die Enten und Gänse stammen aus Tierbefreiungen. Und dann die Hunde, außer Kylie, die kommen alle aus spanischen Tötungsstationen. Manche Tiere finden auch allein zu uns, das war bei einigen der Katzen der Fall. Andere konnten wir mit Hilfe von Unterstützerinnen und Unterstützern vor dem Schlachter bewahren und freikaufen.

Apropos Unterstützung: Wie finanziert ihr euch und wie kann man euch noch helfen?
Das A und O ist ja immer Geld. Über Patenschaften und Einzelspenden freuen wir uns deshalb natürlich immer. Wer kein Geld hat, kann Reklame für uns machen: Flyer verteilen oder Freunden von uns erzählen. Manche helfen uns bei Handwerksarbeiten oder Kommunikationsgeschichten.
Im Moment haben wir zwar Praktikanten und Azubis genug, aber auch da ist immer mal wieder Bedarf.

Worin unterscheidet sich die Arbeit im Kuhaltersheim von deinem früheren Leben als Milchbauer?
Im Grunde unwesentlich. Als Milchbauer war ich zweimal am Tag in der Pflicht, die Kühe zu melken. Aber ansonsten waren die Tätigkeiten auf dem Hof fast dieselben. Was sich allerdings geändert hat: Wenn man Milchbauer ist, gibt es keine kranken Tiere. Die sind alle gesund und fit, und wenn aus irgendwelchen Gründen ein Tier doch krank ist und nicht ganz schnell wieder gesund wird, wird es geschlachtet. Mit kranken Tieren gibt sich ein normaler Milchbauer gar nicht ab. Das stört nur, das kostet nur Geld und da muss man dann ganz schnell abwägen: Rechnet sich der Tierarzt oder nicht. Es geht da nur um Profit.
Heute ist es so, dass wir uns einfach wesentlich mehr Zeit für die einzelnen Tiere nehmen können und müssen, weil viele von ihnen älter sind oder Krankheiten haben und viel Zuwendung brauchen.

Auf Hof Butenland steht eines der ersten Windräder Deutschlands. Ihr nennt es liebevoll eure „alte Dame"…
Es hat mich begleitet, seitdem ich angefangen habe, über die Welt und über unsere Zukunft nachzudenken. Ein Jahr bevor ich Abitur machte, wurde hier das Atomkraftwerk Esenshamm gebaut. Damals war ich auf jeder Demonstration, die gegen AKWs gemacht wurde.
1989 habe ich mir dann die Windenergieanlage gebaut, damals noch in dem Wissen, dass man damit kein Geld verdient und vielleicht nach 15 Jahren mit plus/minus null rauskommt. Die Kraft des Windes zu nutzen, um Strom zu erzeugen – das fand ich genial! Zwei Jahre nachdem die Anlage fertig war, gab es auf einmal per Gesetz einen staatlichen Zuschuss für regenerative Energien. Plötzlich und unerwartet konnten wir mit der Anlage tatsächlich Geld verdienen. Ich wollte aber in erster Linie unabhängig vom Atomstrom sein. Das war mir immer sehr wichtig: zu sagen, dass man Möglichkeiten hat, etwas gegen Atom zu machen. Es sollte ein für alle sichtbares Zeichen sein: Das ist der Turm da hinten, hier wird dezentral Energie produziert!

Was ist deine Lieblingsbeschäftigung?
Trecker fahren! Nicht ewig, aber mal so drei, vier Stunden. Nicht wie so ein berufsmäßiger Traktorfahrer, der sein Leben lang nichts anderes macht. Das wäre natürlich auch scheiße.

KUHALTERSHEIMGRÜNDER
JAN GERDES

BROKKOLISUPPE MIT GEFÜLLTEN BUCHWEIZENPFANNKUCHEN

> Brokkoli, der farbige Verwandte des Blumenkohls, ist wie alle grünen Blattgemüse reich an Magnesium, Eisen und Kalzium. Auch die Blätter können mitgegart oder fein gehackt zu einem Salat gegeben werden.

Brokkolisuppe
300 g Brokkoli
100 g Möhren
1 Knoblauchzehe
1 EL Olivenöl
2 Kardamomkapseln oder
1 Msp. Kardamompulver
1 TL Currypulver
250 ml Wasser
100 g Kokoscreme
100 ml Hafermilch
½ TL Salz
1 Prise Pfeffer

Buchweizenpfannkuchen
250 ml Hafermilch
80 g Buchweizenmehl
50 g Reismehl
½ TL Salz
1 TL Olivenöl
3 Zweige Rosmarin (gehobelt)
100 g getrocknete, in Öl eingelegte Tomaten
Olivenöl zum Braten

Hafermilch, Mehle, Salz, Olivenöl und Rosmarin mit einem Schneebesen verrühren und 15 Minuten ruhen lassen.

Für die Pfannkuchenfüllung die Tomaten in dünne Streifen schneiden.

Knoblauch schälen und zerdrücken. Kardamomkapseln öffnen und die Samen fein mörsern. Brokkoli waschen und in kleine Röschen und Würfel schneiden.
Möhren waschen und durch den Spiralschneider drehen oder in schmale Stifte hobeln.

Olivenöl in einer Pfanne erhitzen, portionsweise Pfannkuchenteig hineingeben und von beiden Seiten braten. Fertige Pfannkuchen auf einem Teller im Backofen bei 50 °C warmhalten.

Gleichzeitig die Suppe zubereiten:
In einem Topf Öl erhitzen und Knoblauch etwa eine Minute darin andünsten. Brokkolistücke dazugeben, kurz mit anbraten und mit Wasser und Hafermilch ablöschen. Kardamom, Currypulver und Kokoscreme hinzufügen und alles bei mittlerer Hitze und geschlossenem Deckel 6 bis 7 Minuten dünsten. Möhrenstifte bzw. -spiralen dazugeben und weitere 3 Minuten dünsten.

Die Suppe als Vorspeise servieren. Danach die Tomatenfüllung auf die Pfannkuchen verteilen, aufrollen und auf flachen Tellern servieren.

BLUMENKOHL-BROKKOLI-PAKORAS MIT BOHNEN-DIP

Pakoras
100 g Kichererbsenmehl
100 g Weizenmehl Type 550
1 TL Backpulver
1 TL Koriander (gemahlen)
1 TL Kurkuma
220 ml Wasser
1 Prise Salz
1 EL Sojasauce (optional)
150 g Blumenkohl
150 g Brokkoli
200 g Kartoffeln (vorgekocht)
500 ml Bratöl
1 Möhre

Bohnen-Dip
1 kleine rote Zwiebel
1 EL Olivenöl
1 Knoblauchzehe
180 g gekochte Kidneybohnen
½ TL rosenscharfes Paprikapulver
2 EL Tomatenmark
1 EL Agavendicksaft
1 Prise Salz

Mehle, Backpulver, Koriander, Kurkuma mischen und mit einem Schneebesen das Wasser einrühren, ggf. Sojasauce mit einrühren. 20 Minuten stehen lassen.

Brokkoli und Blumenkohl in kleine Stücke schneiden und beiseitestellen.

Für den Bohnen-Dip Zwiebel und Knoblauch schälen und fein hacken, in einer Pfanne mit Olivenöl glasig dünsten. Bohnenwasser abgießen und die Bohnen mit den übrigen Zutaten pürieren. In eine Keramikschüssel füllen und im Backofen bei 50 °C warmhalten. Vor dem Servieren die Möhre waschen, Enden abschneiden, durch den Spiralschneider drehen und als kleine Rohkostbeilage servieren.

Bratöl in einen Wok oder einen Topf geben und heiß werden lassen.
In der Fritteuse: Gerät auf 170 °C einstellen.

Holzstäbchenprobe: Ein Holzstäbchen oder einen Kochlöffel aus Holz ins Öl tauchen. Wenn sich am Holz kleine Bläschen bilden, ist das Öl heiß genug.
Jetzt eine Portion Gemüse im Teig wenden und ins heiße Öl geben.
3 bis 4 Minuten frittieren und mit einer Schaumkelle herausnehmen. Küchenpapier auf den Rost des Backofens legen und die frittierten Gemüsestücke zum Abtropfen darauflegen. Mit dem restlichen Gemüse genauso verfahren.

Die Pakoras mit dem Bohnen-Dip servieren.

> Auch Paprikaringe, Süßkartoffelscheiben, Kohlrabistücke und Champignons eignen sich gut zum Frittieren im Teigmantel.

> Als süßen Nachtisch empfehlen wir Pakoras mit Bananen- und Birnenstücken: Je eine feste Birne und Banane in mundgerechte Stücke schneiden, in Teig wenden und frittieren. Mit Agavendicksaft, Ahornsirup oder Walnusseis (Lupinesse) servieren.

CURRY-GEMÜSE MIT REIS UND VEGGIE-VLEISCH

Curry-Gemüse
400 g Möhren
200 g Kokosmilch (fester Teil)
1 TL rote Currypaste
1 Bund Frühlingszwiebeln
25 g Ingwer
Saft einer halben Limette
1 Msp. Kurkuma
1 Prise Koriander
1 Prise Muskatnusspulver
1 EL Erdnussöl

Reis
90 g Basmatireis
270 ml Wasser

Veggie-Vleisch
250 g Veggie-Ente (Vantastic Foods)
2 EL Bratöl
Bratengewürz „Himmel auf Erden" (Herbaria)

Frühlingszwiebeln in kleine Ringe schneiden, Möhren in ca. 1 cm dicke Scheiben schneiden. Ingwer schälen und klein hacken.

Reis in einen Topf geben, mit Wasser bedecken und zum Kochen bringen. Aufkochen lassen und bei geringer Hitze mit geschlossenem Deckel etwa 15 bis 20 Minuten köcheln lassen, bis kein Wasser mehr übrig ist.

Währenddessen im Wok zuerst Ingwer, dann Frühlingszwiebeln und Möhren in Erdnussöl dünsten, bis die Zwiebeln zart werden. Kokosmilch untermischen und die übrigen Zutaten nach und nach zugeben. Bei kleiner Hitze einige Minuten köcheln lassen.

Veggie-Ente in dünne Streifen schneiden, würzen und in einer Pfanne mit Olivenöl einige Minuten scharf anbraten.

Veggie-Ente, Reis und Curry-Möhren auf Schälchen verteilen und servieren.

> Möhren halten den Vitamin-A-Weltrekord und sind nicht nur gut für die Augen, sondern auch für Herz und Kreislauf. Am besten mit etwas Fett zubereiten, dann wird das fettlösliche Beta-Carotin besser aufgenommen. Carotinoide aus bestimmten Planktonarten sind übrigens auch für die rosarote Färbung von Flamingos verantwortlich, die diese Algen mit Vorliebe verspeisen.

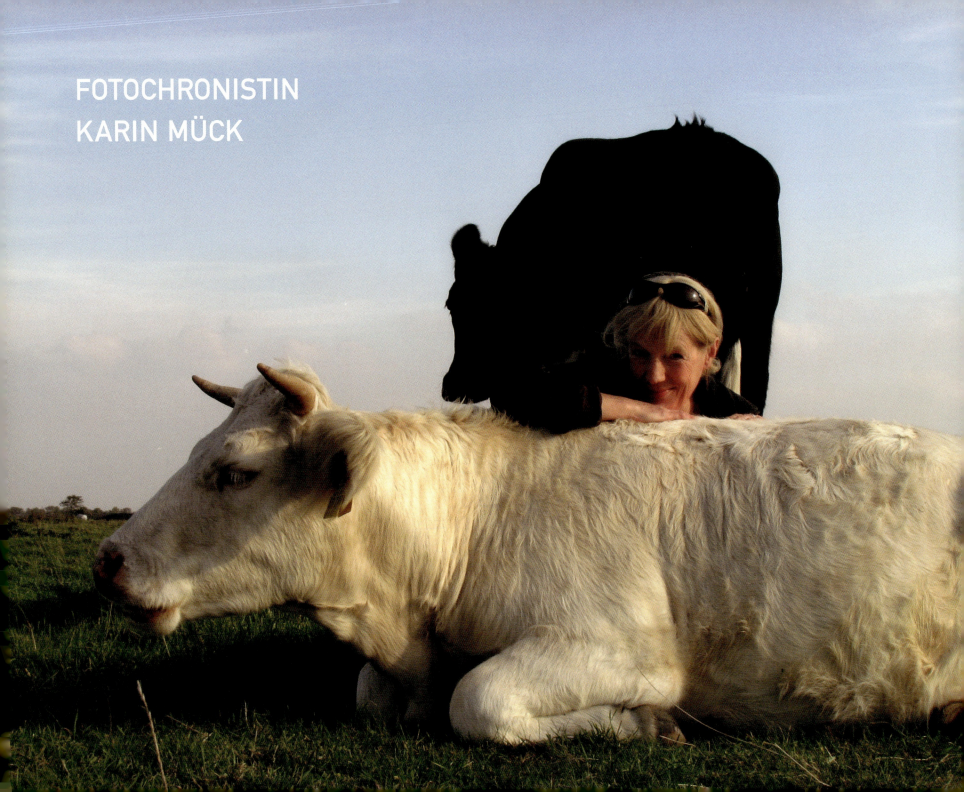

DIE FOTOCHRONISTIN VON HOF BUTENLAND

Die Tiere empfinden wie der Mensch Freude und Schmerz, Glück und Unglück; sie werden durch dieselben Gemütsbewegungen betroffen wie wir. – Charles Darwin

Du hast dich schon früh für einen anderen Umgang mit Tieren eingesetzt. Wie kam das?
Ich war ungefähr fünf Jahre alt, als ich von meinem Taschengeld fünf Küken gekauft habe. Sie liefen bei uns in der Wohnung rum, wurden immer größer und hatten alle Namen. Als ich eines Tages vom Kindergarten nach Hause kam, waren sie weg. Mein Vater hatte sie den Nachbarn für deren Hochzeitsfeier geschenkt und sagte zu mir: „Die werden jetzt gegessen." Danach konnte ich kein Fleisch mehr essen.

Später habe ich bei Tierbefreiungsaktionen mitgemacht. Wir sind damals in sehr viele Tierversuchslabors eingebrochen, haben die Tiere rausgeholt und alles Mögliche zerstört. Als ich die Tiere in ihren Käfigen sah, da habe ich erst verstanden. Wir haben auch Unterlagen zur Rüstungsforschung mitgenommen, und da hat der Staat gesagt: Jetzt reicht's. Es gab eine Anklage wegen Bildung einer terroristischen Vereinigung und ich war mehrere Monate in Haft, bis wir dann alle auf Haftverschonung und mit langen Bewährungsstrafen entlassen worden sind.

Vor Hof Butenland hast du viele Jahre als Krankenschwester in der Psychiatrie gearbeitet. Für Krankenpflege bist du immer noch zuständig…
Das ist ja ein praktischer Beruf, den man überall gebrauchen kann. Ich habe das damals gewählt, weil man sehr flexible Arbeitszeiten hat. Ich war viel im Nachtdienst und konnte dadurch auch Tierschutzarbeit machen. Ich kann die Tiere spritzen, Verbände anlegen, Infusionen anlegen, das spart uns eine Menge Geld. Und man entwickelt einen gewissen Blick dafür, ob ein Tier krank ist.

Was war der schwerste Verlust?
Sehr schmerzhaft war der Abschied von Willem. Willem war unser „Boss" - er war so präsent: Man ging zur Tür, und dann stand dieser 1200-Kilo-Ochse da, mit seinem Riesenkopf und guckte und wartete. Wir mussten immer mit ihm diskutieren. Er stand immer mitten in der Tür: „Willem, kannst du beiseitegehen…" Wenn es einen neuen Heuballen gab, stand er hinter uns und man hatte links und rechts die Hörner und seinen Atem im Nacken. Egal, was passierte, er war einfach immer da. Wir wussten, die Herde ist bei ihm sicher. Er war der Beschützer der Herde.

Unsere Wunderkuh Gisela zu verlieren war schlimm, weil sie schon so kaputt hier ankam und wir zwei Jahre zusammen mit ihr gekämpft haben, bis dann der kleine Mattis bei uns geboren wurde.* Da war es gar keine Frage mehr: Gisela wollte leben. Sie war einfach eine Seele. Das ganze Leid der Milchkühe spiegelte sich in ihr. Was sie durchgemacht hat, diese Trauer, das war wie ein Stempel.

Jedes Tier hinterlässt eine Wunde. Was wir hier machen: Tiere aufnehmen, die schon so gezeichnet sind, dass man weiß, die Zeit hier wird kurz sein – das fordert Kraft, weil man oft nicht mehr tun kann, außer da zu sein und die Schmerzen zu lindern.

Was gibt dir die Kraft weiterzumachen?
Die schönen Erlebnisse, die wir haben und die uns zeigen, dass die Arbeit sinnvoll ist. Jeden Tag gibt es lustige Momente – da läuft grade ein Huhn ganz witzig rum oder Favchen kommt in die Küche und pickt den Geschirrspüler sauber. Und wer hat denn die Möglichkeit, so intensiv mit verschiedenen Tieren zusammenzuleben, um Dinge zu erfahren, die auch uns nach Jahren noch neu sind?

Hat das etwas mit der „neuen Kuhltur" zu tun?
Genau! Die neue Kuhltur geht weg von dem, was Wissenschaftler und Tierhalter artgerecht nennen. Hier leben alle Tiere relativ frei – und das funktioniert! Hunde und Katzen und Hühner und Enten und Rinder: Alle leben miteinander. Das zeigt doch, dass sie daran interessiert sind, sich mit anderen Arten anzufreunden. Auch Mutter-Kind-Beziehungen erleben wir hier über einen langen Zeitraum. Wenn sie, wie Kuhmama Christine und ihre Tochter Trine, nicht voneinander getrennt werden, dauert diese Bindung bei Rindern ein Leben lang. Diese Beobachtungen können wir der etablierten Wissenschaft entgegenhalten und sagen: Ihr lügt! Man kann Tiere erst respektieren, wenn man die Tatsache anerkennt, dass sie Individuen sind. Es sind eben nicht nur Hühner, sondern jedes Huhn ist so einmalig wie auch jeder Mensch einmalig ist.

Was ist deine Lieblingsbeschäftigung?
Am liebsten bin ich draußen, egal bei welchem Wetter, mit der Kamera in der Hand. Manchmal muss ich lächeln, wenn ich ein Video drehe. Es geht ja nicht nur ums Festhalten, es ist gleichzeitig das Beobachten, die Frage, wie geht die Situation weiter. Ich sehe, wie zwei Kühe sich streiten und rangeln und halte das fest und weiß selber nicht, wie es ausgeht, das ist immer spannend. Am Ende lecken sie sich vielleicht freundschaftlich ab. Oder wenn die Stockenten alle kommen: Da weiß ich genau, das sind alles Kinder von der Stockente Heidi, die ich mal großgezogen habe, denn sonst kommen sie Menschen ja gar nicht so nahe. Und dann freu' ich mich. Heute war ich mit den Hunden unterwegs, und dann seh' ich Rosa-Mariechen, unser Schweinchen, ganz hinten auf der Pferdeweide, da war sie noch nie! Wenn man will, kann man in jeder Ecke eine Überraschung erleben.

* Die Geschichte von Gisela und Mattis erzählt Jeff Mannes auf Seite 81.

PAPRIKA-ANANAS-SUPPE MIT GEMÜSESTIFTEN UND CRANBERRY-DIP

Paprika-Ananas-Suppe
1 rote Paprika
200 g Kartoffeln
20 g Ingwer
1 Bund Lauchzwiebeln
150 g Ananasstücke
200 ml Gemüsebrühe
200 ml Kokosmilch
½ TL Salz
1 TL Currypulver
1 TL frischen Koriander (gehackt) oder 1 Prise Korianderpulver
1 EL Olivenöl

Gemüsestifte
200 g Kartoffeln
1 Kohlrabi
1 EL Olivenöl
Salz, Pfeffer

Cranberry-Dip
25 g Cranberrys
3 EL Tomatenketchup
80 ml süß-saure Chilisauce
1 TL Currypulver

Für den Dip alle Zutaten verrühren.

Für die Gemüsestifte Kartoffeln und Kohlrabi schälen und in ca. 5 cm lange Stifte schneiden. Ein Backblech dünn mit Öl einfetten und die Stifte darauf verteilen.
Im vorgeheizten Backofen bei 200 °C Ober- und Unterhitze auf mittlerer Schiene ca. 20 bis 25 Minuten backen. In eine Schüssel geben und mit Salz und Pfeffer würzen.

Während die Gemüsestifte backen, die Suppe zubereiten: Paprika entkernen und in Würfel schneiden. Kartoffeln schälen und in Würfel schneiden. Ingwer schälen und fein hacken und alles kurz in Olivenöl andünsten. Currypulver untermischen, verrühren und Gemüsebrühe hinzugeben. Bei leichter Hitze 10 Minuten köcheln lassen.

Lauchzwiebeln waschen, in ca. 1 cm dicke Ringe schneiden und für 5 Minuten mitkochen.
Zum Schluss Kokosmilch und Ananasstücke hinzugeben und mit Salz, Pfeffer und Koriander abschmecken.

Zuerst die Suppe servieren, anschließend Gemüsestifte mit Dip reichen.

> Cranberrys und der aus ihnen gewonnene Saft können helfen, Harnwegserkrankungen vorzubeugen, da sie entzündungshemmend wirken und reich an Antioxidantien sind.

KOHLRABISCHNITZEL MIT KARTOFFELRINGEN UND APFEL-RADIESCHEN-SALAT

Kohlrabischnitzel
350 g Kohlrabi
75 g Weizenmehl Type 550
75 ml Wasser
2 TL Currypulver
½ TL Salz
50 g Semmelbrösel
Olivenöl

Kartoffelringe
200 g Kartoffeln
1 EL Olivenöl

Apfel-Radieschen-Salat
1 Apfel
½ Bund Radieschen
Saft einer halben Zitrone
2 EL Schnittlauch (gehackt)
1 TL Apfelessig
1 TL Agavendicksaft

Dunkle Sauce
1 rote Zwiebel
1 EL Olivenöl
30 g Sauerteigbrot vom Vortag
200 ml Gemüsebrühe
1 TL Tomatenmark
1 TL mittelscharfer Senf
1 TL Oregano (getrocknet)
1 TL Thymian (getrocknet)
1 TL Liebstöckel (getrocknet)
1 EL Melasse (Zuckersirup)
½ TL Salz
1 Msp. Pfeffer

Zunächst die Sauce zubereiten: Zwiebel schälen, fein würfeln und bei mittlerer Hitze in Olivenöl andünsten, bis sie etwas gebräunt ist. Tomatenmark hineinrühren und mitbräunen. Gemüsebrühe hinzugießen. Brot in kleine Stücke brechen, einrühren und 5 Minuten köcheln lassen. Mit Senf, Oregano, Thymian, Liebstöckel, Melasse, Salz und Pfeffer würzig abschmecken und bei geringer Hitze weitere 10 Minuten einkochen lassen. Herdplatte ausschalten, die Sauce fein pürieren und warmhalten.

Für den Salat Apfel und Radieschen waschen und abtrocknen. Apfel schälen, Kerngehäuse entfernen und in kleine Stücke schneiden. Blatt- und Wurzelansatz von den Radieschen entfernen und diese in kleine Stücke schneiden. In eine Schüssel geben, mit Zitronensaft beträufeln, Schnittlauch hinzugeben und mit Apfelessig und Agavendicksaft abschmecken.

Für die Kohlrabischnitzel Kohlrabi schälen, halbieren und in ca. 5 mm dicke Scheiben schneiden. Mehl mit Currypulver und Salz mischen und mit Wasser in einem tiefen Teller klumpenfrei verrühren. Semmelbrösel auf einen flachen Teller geben.

Backofen auf 180 °C vorheizen. Kartoffeln waschen, abtrocknen und mit dem einfachen Messereinsatz des Spiralschneiders zu breiten Spiralen drehen. Zusammen mit den pilzförmigen Resten, die beim Spiralendrehen übrig bleiben, auf ein mit Backpapier ausgelegtes Backblech geben und mit Olivenöl beträufeln. In den Ofen schieben und in etwa 20 Minuten goldbraun backen.

Während die Kartoffelringe backen, die Kohlrabischnitzel zubereiten: In einer Pfanne Olivenöl erhitzen. Kohlrabischeiben zuerst von beiden Seiten in der Mehl-Wasser-Mischung, anschließend in Semmelbröseln wenden und von jeder Seite 3 bis 4 Minuten goldbraun braten.

Kohlrabischnitzel und Kartoffelspiralen auf Teller verteilen, mit Sauce servieren und dazu den Apfel-Radieschen-Salat reichen.

> Radieschen gehören zur Gattung der Rettiche und zeichnen sich wie ihre Verwandten durch ihre typische Schärfe aus. Das hierfür verantwortliche Senföl wirkt entgiftend und desinfizierend. Bei Husten und Schnupfen können Radieschen helfen, unangenehmen Schleim zu lösen.
> Außerdem sind sie reich an Ballaststoffen, Folsäure, Vitamin C und Selen.

SPARGEL MIT FRÜHLINGSGEMÜSE UND ROSMARINROULADEN

500 g weißer Spargel
400 g Kartoffeln (festkochend)

Frühlingsgemüse
1 kleine Fenchelknolle
Saft einer halben Zitrone
½ Bund Radieschen
½ Bund Frühlingszwiebeln
80 g Margarine
20 g geschälte Haselnüsse
1 Msp. Salz
1 EL Agavendicksaft

Rosmarinrouladen
2 Rosmarinrouladen (Wheaty)
2 TL Feigensenf
Bratöl

2 Zweige Estragon

Kartoffeln schälen und in 15 bis 20 Minuten gar kochen.

Fenchel waschen, das untere Ende abschneiden und in dünne Scheiben schneiden. Mit einer Prise Salz und 1 EL Zitronensaft mischen und 10 Minuten ziehen lassen.

Haselnüsse grob hacken. Frühlingszwiebeln waschen und in Ringe schneiden. Radieschen waschen, in Ringe schneiden und vierteln.

Margarine in einem kleinen Topf bei mittlerer Hitze ca. 10 Minuten leicht bräunen. Gehackte Haselnüsse dazugeben und kurz goldbraun anrösten. Fenchel, Frühlingszwiebeln, Radieschen und den restlichen Zitronensaft hinzugeben, alles gut durchrühren und ca. 5 Minuten garen. Mit Salz und Agavendicksaft abschmecken und vom Herd nehmen.

Während die Margarine bräunt, mit einem Sparschäler den Spargel vom Kopf abwärts schälen, die Enden abschneiden und in kochendem Salzwasser ca. 5 Minuten garen. Mit einer Schaumkelle oder einem großen Löffel herausheben und abtropfen lassen.

Rouladen auseinanderwickeln, mit Feigensenf bestreichen, wieder einwickeln und in einer Pfanne mit etwas Bratöl zuerst kräftig, dann bei mittlerer Hitze von allen Seiten braten.

Rouladen, Spargel und Kartoffeln auf Teller verteilen, das Frühlingsgemüse über den Spargel geben und jeweils mit einem Zweig Estragon garnieren.

Woran man frischen Spargel erkennt: Die Köpfe sind fest geschlossen, die Stangen sind gerade gewachsen, fest und glänzend, mehrere aneinander geriebene Stangen quietschen, die Schnittstellen sind glatt, es gibt keine Risse im Stiel.

Lagern kann man Spargel maximal 3 Tage eingeschlagen in ein feuchtes Geschirrtuch im untersten Fach des Kühlschranks.

Spargel enthält neben viel Wasser auch viel Vitamin C und E und eine Reihe von B-Vitaminen, die das Nerven- und Immunsystem stärken.

Wegen seines hohen Puringehalts sollten Gicht- und Nierenkranke Spargel lieber meiden, da durch den Verzehr der Harnsäurespiegel ansteigt.

BUTENLAND BEVEGT

„Flauschiges Knuspermäulchen. Gisela. Mit Deiner und Mattis' Geschichte habe ich schon gestandene Männer zu Tränen gerührt. Du hast bewegt.
Und wirst es weiter tun.
Ich trage Dich in meinem Herzen und Du bist Teil dieser Welt, die sich Stück für Stück aufmacht, eine Welt zu werden, in der Deine Geschichte Geschichte wird.
In meinem Herzen, meinen Worten und meinen Taten lebst Du weiter. Und in denen aller, die sich auf dem gleichen Weg befinden, ob sie es schon wissen oder noch nicht.
Alles Liebe, mein Herz."
Kerstin Kraasch, Hausfrau und Mutter, Duisburg

Im November 2010 besuchten wir Alwine, die Patenkuh meiner Frau. Hierbei haben wir alle zwei- und vierbeinigen Butenländer, den Hofalltag und einige Schicksale kennengelernt. Es hat mich so beeindruckt und berührt, dass mir sofort klar wurde, ich würde als frischgebackener Veganer nach Hause fahren – und so war es dann auch. Danke an alle Butenländer!
Meik Sachse, Zimmermann, Schneverdingen

„Gisela, ich werde immer an Dich denken, denn Du hast aus mir eine Veganerin gemacht! Deine Liebe, die du Mattis entgegengebracht hast, hat mir damals die Augen geöffnet und ich war so unglaublich glücklich darüber, dass Du Dein Leben auf Hof Butenland verbringen durftest. Nun bist Du frei, Gisela, und durftest im Kreise Deiner Lieben Abschied nehmen und in Würde zurück nach Hause gehen."
Monika Lisle, Bürokauffrau und freiberufliche Autorin, Heikendorf

Mich hat der Abschnitt über Hof Butenland im Buch von Karen Duve endgültig zum Veganismus bekehrt.
Ich fand die Beschreibung des Hofs und den Werdegang zur Stiftung so beeindruckend, dass ich gar nicht mehr anders konnte.
Christian Hölscher, Ergotherapeut, Dinslaken

Im Herbst 2012 haben wir zufällig Kalle in der Tierklinik Hannover kennengelernt. Er hat uns sofort für Hof Butenland interessiert und auf eurer Webseite habe ich mich erstmals intensiver mit Veganismus auseinandergesetzt. Bis dahin war ich nicht nur Fleisch- und Eiervernichter, sondern habe auch literweise Milch getrunken.
Durch Hof Butenland wusste ich dann aber sehr schnell, dass ich auf dem Holzweg war und wegen mir keine Tiere mehr gequält und geschlachtet werden sollten. Daher bin ich spontan und nachhaltig zusammen mit meiner Frau Susi zum Veganer geworden. Vielen Dank an Hof Butenland für eure entscheidende Inspiration, auch im Namen der Tiere, die nun durch mich nicht mehr leiden müssen.
Günter Saller, Personalleiter, Hamburg

„Kein Fleisch mehr" war der Anfang einer Geschichte, die noch nicht zu Ende ist. Im Juni 2012 las ich über Alma und war tief bewegt. Mir wurde klar, dass es nicht um „ein wenig anders" geht. Es geht darum,
dass wir genauso Lebewesen sind wie alle anderen. Und wenn wir mit anderen Menschen genauso verfahren würden wie mit den Tieren, dann müssten wir uns auch einteilen lassen in Hausmenschen, Nutzmenschen und Wildmenschen. Diese Kategorisierung macht klar, dass die willkürliche Einteilung lediglich dazu dient, den empathielosen Umgang mit einem Großteil der Kreatur vor unserem Gewissen zu verteidigen. Hohl klingen in meinen Ohren die Beteuerungen meiner Freunde und Bekannten, Fleisch nur noch auf Biohöfen zu kaufen, wo die Tiere ein artgerechtes Leben lebten. Vermutlich sind sie zu ihrem Ende dem Schlachter freudig ins Messer gelaufen. Diese Geschichte ist leider noch lange nicht zu Ende.
Tom C. Gerhardt, IT-Dienstleister, Püttlingen

Ich habe mir viele Videos von Dina mit ihrem Mattis angesehen. Dann bin ich nach draußen gegangen und habe mir die geschundenen Kühe der Nachbarbauern angesehen, deren Euter fast bis zum Boden hingen, und dann hat es klick gemacht. Das ist jetzt ein halbes Jahr her. Ich werde nie wieder Milch trinken oder Käse essen, das weiß ich. Und ich vermisse es auch nicht. Meine ganze Familie ist mit mir vegan geworden. Ich danke euch!
Johanna Schlitzkus, freie Autorin, Höchst

„Danke Gisela, dass Du auf Hof Butenland warst und so auch ein kleines Stück bei mir! Vom ersten Tag an hast Du meine Seele berührt! Du hast mir gezeigt, was es für ein Verbrechen an euch Tieren ist, mich als Vegetarierin von Milchprodukten zu ernähren. Du hinterlässt ganz viele Spuren und hast die Welt zu einem besseren Ort gemacht!"
Jutta Heyer, Lehrerin, Leinfelden-Echterdingen

Ich habe geglaubt, vegetarisch zu leben würde für mich reichen. Veganer fand ich eigenartig. Dann habe ich mir eine Kuh tätowieren lassen und ein paar Tage nach dem Tattoo-Termin hat mir Klara mit der Sternchennase einen Stups gegeben. Ich habe mich über das Bild gefreut und mir gedacht, das ist meine wunderschöne und glückliche Tattoo-Kuh in echt. Dann habe ich das Vorher-Bild entdeckt. Ein unglaublich trauriger Moment der Erkenntnis, gefolgt von der Freiheit, jetzt vegan leben zu dürfen. Danke Klara!
Alf Drollinger, Geschäftsführer, Karlsbad

Rosa-Mariechens Geschichte und ihre Lebensfreude haben mir geholfen, auf Fleisch zu verzichten.
Und nachdem ich mich ein halbes Jahr lang intensiv mit dem Thema beschäftigt hatte, war mir dann klar, dass eine Milchkuh wohl lieber tot wäre als eben eine Milchkuh. Jetzt lebe ich ein halbes Jahr vegan und kann gar nicht mehr verstehen, wie ich jemals anders leben konnte. Könnt ihr das Mariechen dafür mal von mir knutschen, bitte?
Sabine Eicker, Servicekraft, Dortmund

Als ich durch einen Zufall Hof Butenland kennenlernte, war ich bereits fünf Jahre lang Vegetarierin. Da ich nur ein Dorf entfernt wohne, bin ich immer mal wieder dort und habe die kleinen und großen Butenländer in mein Herz geschlossen. Schon nach kurzer Zeit erkannte ich dann, dass ich selbst mit schuld war an dem Unglück dieser Tiere. Ich war schuld daran, dass diesen Müttern ihre Kinder weggenommen wurden, damit ich Käse essen und Milch trinken konnte. Butenland hat mir gezeigt, dass es anders geht. Butenland war und ist mein Wegweiser.
Frederike Hortig, Studentin, Butjadingen

SMOOTHIE À L'ORANGE

2 Orangen
200 g Möhren
4 EL Cashewkerne
1 EL Gewürzmischung „Süße Geisha" (Herbaria)
½ TL Orangensalz
200 ml Wasser

Orangen schälen, dabei die weißen Fasern am Fruchtfleisch belassen, sie enthalten gesunde Ballaststoffe. Möhren waschen und in Scheiben schneiden. Zuerst die Orangen pürieren, dann Möhren, Cashewkerne und Wasser hinzugeben und kurz pürieren, sodass die Möhren noch etwas stückig bleiben.
Zum Schluss mit Gewürz und Orangensalz abschmecken.

ROTE VERFÜHRUNG

200 g TK-Himbeeren
400 g frische Erdbeeren
2 EL Kokosflocken
4 Duftrosenblüten (aus dem eigenen Garten/ungespritzt)
200 ml Wasser

Erdbeeren waschen und Stiele abschneiden. Blütenblätter vorsichtig von den Rosen abzupfen, zusammen mit den Erdbeeren in den Mixer geben und kurz pürieren. Kokosflocken und Himbeeren hinzufügen, mit Wasser aufgießen und nochmals pürieren, bis die gefrorenen Früchte zerkleinert, aber noch nicht komplett zermust sind.

GRÜNES WUNDER

2 Bananen
200 g Spinat
einige Blätter Minze
2 EL Walnusskerne
1 Msp. Vanillepulver
200 ml Wasser

Bananen schälen. Spinat und Minze waschen. Walnusskerne grob hacken. Alle Zutaten in einen Mixer geben und pürieren.

Die Smoothies jeweils in Gläser füllen und sofort servieren.

Smoothies kann man auch mit Fruchtsaft, Pflanzenmilch oder Sojajoghurt zubereiten.

Wer es kalt mag, kann noch ein paar zerkleinerte Eiswürfel hinzugeben oder mitmixen.

Die Varianten mit Wasser enthalten nicht so viel konzentrierten Fruchtzucker und Säure.

Am besten genießt man Smoothies löffelweise, da es sich weniger um ein Getränk als um eine vollwertige Mahlzeit handelt. Die Verdauung beginnt bereits im Mund und unser Magen freut sich, wenn wir der zu verdauenden Nahrung bereits eine gute Portion Speichel mitgegeben haben.

BUNTER SALAT MIT TOFUSTREIFEN UND AMERICAN DRESSING

Bunter Salat
150 g Bataviasalat
2 rote Paprika
½ Bund Radieschen
250 g weiße Bohnen (vorgekocht)
1 Zwiebel
Olivenöl
6 EL passierte Tomaten
½ TL Salz
1 Prise Pfeffer
1 TL italienische Kräuter (getrocknet)
etwas Schnittlauch

Tofustreifen
150 g Tofu (natur)
50 g passierte Tomaten
1 EL Olivenöl
1 EL Tomatenmark
1 Knoblauchzehe
½ TL Salz
Olivenöl

Tofu wird aus der eiweißreichen Sojabohne in einem der Käseherstellung ähnlichen Verfahren hergestellt. Es gibt ihn in zahlreichen Variationen: naturbelassen, geräuchert, mit Kräutern und Gewürzen verfeinert, mit Nuss- oder Olivennote. Er wird zu Würstchen oder Bratlingen verarbeitet angeboten.

American Dressing
1 EL Sonnenblumenöl
3 TL Apfelessig
100 g Salatgurke
2 EL Tomatenmark
1 TL Senf
½ TL Hefeextrakt
1 EL Agavendicksaft
1 Msp. Kräutersalz
1 Prise Pfeffer

Für das Dressing die Gurke waschen und pürieren und zusammen mit den übrigen Zutaten kräftig verquirlen.

Für die Tofustreifen Tofu in ca. 5 mm dicke Scheiben schneiden und trocken tupfen. Knoblauch schälen und fein hacken. Passierte Tomaten, Olivenöl, Tomatenmark, Knoblauch und Salz verrühren, die Tofustreifen darin wenden und in einer Pfanne mit Olivenöl ca. 5 Minuten scharf anbraten. Dabei häufig wenden. Vorsicht: Die Tomatenpaste spritzt beim Zusammentreffen mit dem heißen Öl.

Weiße Bohnen abtropfen lassen. Zwiebel schälen und klein hacken. Zwiebelstücke in Olivenöl anbraten, Bohnen hinzugeben, passierte Tomaten unterheben und 3 bis 4 Minuten bei mittlerer Hitze braten. Mit Salz, Pfeffer und italienischen Kräutern abrunden.

Radieschen waschen, Stiel- und Wurzelansätze entfernen und mit dem Spiralschneider zu Spiralen drehen. Schnittlauch fein hacken. Paprika waschen, entkernen und in schmale Streifen schneiden. Bataviasalat waschen, trocken schütteln und klein zupfen.

Salat und Paprika auf Teller verteilen und Bohnen und Tofustreifen daraufgeben. Mit Radieschenspiralen und gehacktem Schnittlauch garnieren. Dazu das Dressing reichen.

Soja enthält je nach Sorte bis zu 40 Prozent Eiweiß, ist reich an Eisen, Kalzium und Kalium, das entwässernd und entsäuernd wirkt. Die hormonähnlichen Isoflavone Genistein und Daidzein können Osteoporose und bestimmten Krebsarten entgegenwirken. Da Soja auch Phytoöstrogene enthält, sollten Sojaprodukte nur gelegentlich auf dem Speiseplan von Kleinkindern stehen.

WENN ES SOMMER WIRD AUF HOF BUTENLAND, HALTEN DIE RINDER SIESTA AUF DER WEIDE UND FEIERN NACHTS WILDE STALLPARTYS

Wenn das Thermometer steigt, beginnt für Erna und Else die Badesaison. Vor einigen Jahren haben die beiden unzertrennlichen Schweinedamen die Vorzüge eines eigenen Bade- und Suhlplatzes schätzen gelernt, wobei sich Erna zunächst sehr skeptisch gegenüber der immer erdiger werdenden Else zeigte. Doch schließlich konnte auch Erna von den kühlenden Schlammpackungen überzeugt werden und legt inzwischen eine olympiareife Bauchbombe nach der anderen hin.

Wer hingegen nicht mal eben in den Bach hüpfen kann oder will, kriegt von uns gern einen Ventilator in den Stall gestellt oder auf Wunsch eine wohltemperierte Dusche mit der Gießkanne. Rosa-Mariechen findet das jedenfalls saukuhl. Prinz Lui lässt sich dann lieber ein Wassereis munden, am liebsten mit Ananasgeschmack. Da die beiden gesetzten Herren Lui und Rudi im Leben nicht auf die Idee kämen, die vor Sonnenbrand und Überhitzung schützende Wirkung von Schlammbädern zu nutzen (Schweine können nicht schwitzen!), bekommt der hellhäutige Prinz bei starker Sonnenstrahlung ein farblich ansprechendes Schirmchen neben das Nachmittagsschlafkörbchen gestellt. Rudi hingegen macht es sich ohnehin am liebsten im Schatten des Rhododendrons oder neben einem Stapel Strohballen bequem und verschnarcht dort den Tag bis zum Abendessen.

Während die einen sich also im Stroh oder im Körbchen lümmeln und von der nächsten Ananas- oder Bananenlieferung träumen, sind wir damit beschäftigt, frisches Wasser auf die Krankenweide zu bringen, denn genau wie wir müssen Rinder bei hohen Temperaturen mehr und öfter trinken. Sie kommen sogar schneller ins Schwitzen als wir. Ein schattiger Platz ist in den Mittagsstunden daher besonders wichtig, damit sie keinen Hitzestress bekommen. Meistens geht hier an der Nordseeküste aber doch ein frischer Wind, den man sich auf der Weide in entspannter Lage beim Wiederkäuen um die Nase wehen lassen kann.
Auf den Hof kommen die Rinder jetzt nur selten und wenn, dann abends in kleinen Grüppchen, um uns ein paar leckere Brötchen abzuschwatzen. In diesem Sommer haben wir allerdings erlebt, wie die ganze Herde um Mitternacht eine krachende Stallparty mit Flutlichtbeleuchtung, Kuhputzmaschine im Dauerbetrieb und geplünderter Heuraufe gefeiert hat. Sie überraschen uns einfach immer wieder.

Große Projekte wie zum Beispiel Pflasterarbeiten auf dem Hof, die 2012 aufgestellte mobile Rundhalle für unsere kranken Rinder oder den Bau des neuen, hellen Offenstalls erledigen wir in den Sommermonaten, damit bis zu den Herbststürmen alles fertig ist und die kuhle Truppe es gemütlich hat.

Im Sommer wird auch schon für die folgenden Monate vorgesorgt: Von Juni bis September wird Heu geerntet – wenn das Wetter mitspielt, können wir bis zu dreimal mähen. Dann sieht man Jan mehrere Tage hintereinander mit dem Trecker über die Felder tuckern. Einige Faktoren müssen hierbei stimmen: Es darf eine Woche nicht geregnet haben, da das Gras sonst zu nass ist und Schimmelgefahr besteht, ein Unternehmen zum Pressen des Heus muss engagiert werden, und schließlich müssen die zentnerschweren Ballen sachgerecht eingelagert werden.

Wenn dann im Winter das große Heugelage stattfindet, wissen wir: Die Arbeit hat sich gelohnt!

SELLERIE-CHAMPIGNON-SUPPE MIT GNOCCHI UND PIKANTEM ERDBEERSALAT

Sellerie-Champignon-Suppe
100 g Champignons
300 g Staudensellerie
250 ml Gemüsebrühe
100 ml Kokosmilch
1 Msp. Chilipaste
20 g Ingwer
2 EL Zitronensaft
einige Blätter Basilikum
½ TL Salz
1 Msp. Pfeffer

Gnocchi
200 g Kartoffeln (festkochend)
3 EL Weizenmehl Type 550
3 TL Kartoffelmehl
3 TL Vollkorn-Hartweizengrieß
½ TL Salz
1 Msp. Muskat

Pikanter Erdbeersalat
150 g Erdbeeren
100 g Batavia-Salat
60 g Creamy Risella (veganer Mozzarella aus gekeimtem Vollkornreis)
2 Aprikosen
einige Blätter Basilikum
3 EL Orangensaft
1 EL weißer Balsamico-Essig
1 EL Walnussöl
je 1 Prise Salz und Pfeffer

Zunächst den Teig für die Gnocchi vorbereiten: Kartoffeln in der Schale in ca. 20 Minuten gar kochen. Kochwasser abgießen, Kartoffeln mit kaltem Wasser abschrecken, pellen und mit einem Kartoffelstampfer zerdrücken. Salz, Muskat, Mehle und Hartweizengrieß dazugeben und zuerst grob mit einer Gabel, dann mit den Händen zu einem glatten Teig verkneten. Den Teig 20 Minuten ruhen lassen.

Währenddessen den Salat zubereiten: Erdbeeren waschen, abtrocknen, von den Stielen trennen und halbieren. Salat waschen und in Streifen schneiden. Risella in Scheiben schneiden und halbieren. Aprikosen schälen, entkernen und in kleine Filets schneiden. Orangensaft mit Balsamico-Essig, Walnussöl, Salz und Pfeffer zu einer Sauce verquirlen. Salatblätter, Erdbeer- und Aprikosenstücke, Risella und Basilikumblätter auf Schälchen anrichten, mit Sauce übergießen und durchziehen lassen.

Den Gnocchi-Teig in vier Portionen teilen und zu 2 cm dicken Rollen formen. Mit einem Messer etwa 1 cm dicke Stücke abschneiden, auf einem Schneidebrett zu Kugeln rollen und mit einer Kuchengabel kleine Rillen hineindrücken.

Für die Suppe Sellerie und Champignons waschen, putzen und in Scheiben schneiden. Ingwer schälen und in kleine Stücke hacken. Basilikumblätter klein hacken. Gemüsebrühe mit Kokosmilch, Chilipaste und Zitronensaft aufkochen. Selleriescheiben und gehackten Ingwer hinzugeben und ca. 5 Minuten bei mittlerer Temperatur köcheln lassen. Champignons hinzugeben und weitere 2 Minuten garen. Gehackten Basilikum in die Suppe geben und mit Salz und Pfeffer abschmecken.

Gleichzeitig mit der Gemüsebrühe in einem zweiten Topf einen Liter Salzwasser zum Kochen bringen und die Gnocchi hineingeben. Einmal aufkochen, dann die Herdplatte ausschalten. Nach 2 bis 3 Minuten treiben die ersten fertigen Gnocchi nach oben. Diese sofort mit einer Schaumkelle abschöpfen, in eine Schüssel füllen und mit etwas Olivenöl beträufeln, damit sie nicht zusammenkleben. Die Gnocchi zur Suppe geben.

Den Salat als Vorspeise und anschließend die Suppe servieren.

> Sellerie wird schon seit langem als Heilpflanze verwendet. Er ist reich an Ballaststoffen, hat eine beruhigende und stimmungsaufhellende Wirkung, hilft bei Entzündungen der Harnwege und regt den Stoffwechsel an. Außerdem wirken die enthaltenen ätherischen Öle in den Schleimhäuten und im Darm gegen Bakterien und Pilze.

BLÄTTERTEIGPIZZA À LA BUTENLAND

Paprika-Walnuss-Pizza
200 g Blätterteig
2 rote Paprika
300 g Kartoffeln (festkochend)
60 g Walnusskerne
1 EL Tomatenmark
3 TL Olivenöl
½ TL rote Currypaste
1 EL Zitronensaft
1 Msp. Zimt
3 TL Koriandergrün
(oder 1 Msp. Korianderpulver)
1 TL Zitronensalz

Tomaten-Mais-Pizza
200 g Blätterteig
2 EL Tahin
1 TL Balsamico-Essig
1 EL Olivenöl
3 EL frische Basilikumblätter
je 1 Msp. Salz und Pfeffer
200 g Tomaten
60 g Mais (aus dem Glas)
2 EL Oliven

Für die Paprika-Walnuss-Pizza: Kartoffeln in der Schale in 15 bis 20 Minuten gar kochen. Mit kaltem Wasser abschrecken, pellen und würfeln. Paprika waschen, entkernen und in kleine Stücke schneiden. Walnusskerne grob hacken. Kartoffelwürfel, Paprikastücke und gehackte Walnusskerne zusammen mit Olivenöl und Tomatenmark pürieren. Zitronensaft, Koriander, Zimt, Zitronensalz und rote Currypaste unterheben.

Backofen auf 220 °C vorheizen.

Blätterteig 10 Minuten auftauen lassen, anschließend auf zwei mit Backpapier ausgelegte Backbleche verteilen.

Während der Blätterteig auftaut, die Tomaten-Mais-Pizza vorbereiten: Tomaten waschen und in Scheiben schneiden. Mais und Oliven abtropfen lassen. Basilikum grob hacken. Tahin mit Olivenöl, Balsamico-Essig, Salz und Pfeffer verrühren und die gehackten Basilikumblätter unterheben. Die Hälfte der Blätterteigplatten damit bestreichen, dabei rundum einen ca. 1 cm breiten Rand frei lassen. Mit Tomatenscheiben, Mais und Oliven belegen.

Auf den restlichen Blätterteigplatten die Paprika-Walnuss-Paste etwa 2 cm hoch verteilen, auch hier einen 1 cm breiten Rand lassen.

Die übrige Paste in Schälchen füllen und als Vorspeise servieren, solange die Pizzas backen.
Die Ränder der Blätterteigplatten mit Öl bestreichen und leicht nach oben knicken. Die Backbleche in den heißen Ofen schieben und die Pizzas 20 bis 25 Minuten backen, bis der Blätterteig an den Seiten goldbraun wird.

> Tomaten galten schon in ihrer Heimat bei den alten Azteken als Fruchtbarkeitssymbol. In Frankreich wurde aus dem aztekischen xitomatl, das Schwellung oder Schwellkörper bedeutet, der Liebesapfel, in Österreich der Paradiesapfel. Die katholische Kirche sprach zeitweise ein Verzehrverbot aus, da die Tomate eine „Pflanze des Satans" sei. Die Eroberung der europäischen Küchen konnte die Kirche dennoch nicht aufhalten – zum Glück, denn Tomaten sind äußerst gesund:
> Sie fördern den Zellstoffwechsel, machen munter und können als Stimmungsaufheller wirken. Außerdem sind sie reich an Antioxidantien und wehren freie Radikale ab. Lagern sollte man sie bei 12 bis 16 °C, im Kühlschrank geht ihr Aroma verloren. Auch auf das Häuten sollte nach Möglichkeit verzichtet werden, da in der Schale der Großteil ihres Vitamin C steckt.

DAS KLEINE HELDENHUHN

Je hilfloser ein Lebewesen ist, desto größer ist sein Anspruch auf menschlichen Schutz vor menschlicher Grausamkeit. – Mahatma Gandhi

Hilal Sezgin ist freie Autorin und lebt mit einer 40-köpfigen Schafherde und nocheinigen weiteren tierischen Mitbewohnern in der Lüneburger Heide. Zuletzt sind von ihr "Artgerecht ist nur die Freiheit" und „Hilal Sezgins Tierleben"im Verlag C. H. Beck erschienen.

Natürlich kann man fragen: Was soll das? Einmal hörte ich, wie eine Frau am Rande einer Tagung sagte: „Und dann fährt sie ein einziges Huhn ganz weit zu einem Tierarzt, lässt es operieren und schreibt drüber." Damit war ich gemeint. Jene Frau fand, das sei ziemlich jämmerlicher Aktionismus. Schließlich gibt es Millionen hilfsbedürftiger Tiere da draußen; allein 700 Millionen Hühner werden in Deutschland jährlich geschlachtet.

Warum also machen wir das – warum beherbergen wir einzelne Tiere auf Lebenshöfen? Warum machen sich Karin Mück und Jan Gerdes die Mühe, jede kranke Kuh wieder auf die Beine zu hieven; den Warzenerpel Moby, der nicht mehr gehen konnte, in seinem eigenen kleinen Gehege zu versorgen, solange es ihm damit gut ging? Der Gans Hope das Bein zu schienen, obwohl ein „richtiger Bauer" eine Gans mit gebrochenem Bein natürlich schlachten würde? Allerdings: Wenn ich meine Katze zum Tierarzt fahre und sie operieren lasse, sagt ja auch keiner was. Und wo liegt der Unterschied zwischen einem Huhn und einer Katze? Also: aus Sicht des Huhns bzw. der Katze? Beide haben ja nur ein Leben. Und genau das gilt es immer wieder zu demonstrieren: dass jedes Individuum zählt. Dass jedes Tier ein Individuum ist. Dass man Tiere nicht nur in Millionen und Stückzahlen und Zentnern und Tonnen zählen kann oder sollte, sondern dass jedes ein fühlendes Wesen ist, mit seinem eigenen Wohlergehen, seinem Leben und dem Recht darauf. In dieser bekloppten, von Tierausbeutung bestimmten Welt muss man diese simple Tatsache: Jedes Tier ist ein Individuum! – immer wieder beweisen.

Hier in der Nähe ist eine Legefarm mit 10.000 Hennen. Von diesen 10.000 bleiben jedes Jahr fünf bis zwanzig übrig. Die anderen kommen, nachdem sie ein Jahr lang gelegt haben wie kleine Maschinen, zum Schlachter. Das dazu nötige Einfangen ist kein schöner Vorgang. Am Morgen danach findet man bisweilen Hühner, die sich in Ritzen versteckt haben. Beim Herausholen schreien diese Hühner um ihr Leben, und wer diesen Schrei einmal gehört hat, kann ihn so schnell nicht vergessen.
Zum Glück haben sich Karin und Jan bereit erklärt, diese Rest-Hühner aufzunehmen.
Die Details der Suche nach diesen übersehenen Hühnern will ich euch ersparen.
Man kriecht halt mit Mundschutz, Stirnlampe und Käscher ganz wörtlich durch getrocknete Scheiße. Letztes Mal hatten wir schon ein gutes Dutzend beisammen, da entdeckte die Freundin, die mir half, ein kleines Huhn in einer vergitterten engen Zwischenebene, wo eigentlich gar kein Huhn sein kann.

Ich sah es kaum, es war ein wenig wie ein Geist. Die Freundin rief immer: „Es hat einen ganz nackten Popo und schwarze Füße!" Wir suchten es und jagten es teils; wir fanden ein weiteres Huhn – aber es hatte keine schwarzen Füße. Und noch eins, wo wir doch längst glaubten, alle gefunden zu haben – wieder keine schwarzen Füße. „Dieses Huhn mit den schwarzen Füßen gibt es gar nicht", rief ich schließlich, „wie soll es auch da in diese Zwischenebene kommen, du hast dich geirrt." Aber die Freundin blieb hartnäckig und scheuchte mich weiter durch die Hallen. Kurz und gut, irgendwann fanden wir das Huhn. Es war wirklich sehr klein, sonst hätte es da nicht reingepasst, hatte einen nackten Po und vor Kot starrende, höflicher: schwarze Füße.
19 Hühner fanden wir insgesamt; sie tranken gierig aus den Wasserschalen, die wir ihnen in die Transportkäfige gestellt hatten; pickten – zum ersten Mal in ihrem Leben – echte Getreidekörner.

Dann kamen sie nach Hof Butenland: für 19 Leben ein Neuanfang! Jenes eine kleine Huhn blieb allerdings das schwächste in der Hühnerhierarchie. Seine Federn wollten nicht richtig wachsen. Die anderen mobbten es. Wochenlang trug Karin es jeden Tag auf eine separate Weide; nachts wurde es mit zwei anderen Spezialfällen vergesellschaftet. Doch letztlich hatte genau dieses eine Huhn uns noch zu zig weiteren, bislang übersehenen Hühnern geführt - da soll noch mal einer sagen, dass ein Einzelner nichts ausmacht! Gerade wenn man so klein ist. Gerade wenn man sich wo versteckt, wo eigentlich überhaupt niemand reinpasst. Manches kann man eben nur dann vollbringen, wenn man mickrig ist und fast nackt und ein einzelnes verrücktes kleines Huhn mit schwarzen Füßen.

GRÜNKERN-OBSTSALAT MIT HASELNUSSCREME

Grünkern-Obstsalat
100 g Grünkern
200 ml Wasser
2 TL Gewürzmischung
„Süße Geisha" (Herbaria)
1 Msp. Zimt
1 Prise Salz
200 g Erdbeeren
200 g Blaubeeren
50 g rote Johannisbeeren
2 Nektarinen
2 Kakis

Haselnusscreme
100 g Haselnusskerne
100 ml Wasser zum Pürieren
1 EL Ahornsirup Grad A
1 Prise Salz

Haselnusskerne in eine Pfanne geben und erhitzen, dabei ständig wenden, damit sie nicht anbrennen. Nach einigen Minuten beginnen die dünnen Samenschalen sich abzulösen. Kerne zwischen Küchenpapier oder einem Küchenhandtuch gegeneinander reiben, bis sich alle Schalenreste abgelöst haben. Die Kerne mit dem Wasser in einen Mixer geben und einige Minuten mixen. Je nach gewünschter Konsistenz mit kurzen Pausen weitermixen. Mit Ahornsirup und Salz abrunden.

Den Grünkern mit Wasser bedecken, aufkochen und 30 Minuten köcheln lassen.

Während der Grünkern köchelt, das Obst vorbereiten: Erdbeeren waschen, abtrocknen und von den Stielen trennen. Blaubeeren und Johannisbeeren waschen und verlesen. Nektarinen waschen und entsteinen. Kakis waschen und den Stielansatz entfernen. Erdbeeren, Nektarinen und Kakis klein schneiden.
Das Obst in eine Schüssel geben und mit einem Löffel vermischen.

Grünkern abtropfen und abkühlen lassen. Zimt, Gewürzmischung und Salz hinzugeben und gut durchrühren.

Grünkern, Haselnusscreme und Obst auf Dessertgläser oder Schälchen verteilen und servieren.

Die energiereichen Haselnüsse enthalten rund 60 Prozent Fett, das überwiegend in Form von einfach ungesättigten Fettsäuren vorliegt. Sie weisen hohe Werte des zellschützenden Vitamin E auf und liefern zusätzlich nennenswerte Mengen an Kalzium, Phosphor und Kalium. Das enthaltene Lezithin ist gute Nervennahrung und hilft dem Gehirn auf die Sprünge.

Die Haselnuss hat bereits eine jahrtausendealte Kulturgeschichte vorzuweisen: Sie war Fruchtbarkeits- und Friedenssymbol, Zweige des Haselstrauchs wurden und werden als Wünschelruten benutzt und im Mittelalter glaubte man, Haselzweige würden helfen, Schlangen und Hexen abzuwehren.

LUPINENBALL MIT MEDITERRANEM GEMÜSE UND KRÄUTERCREME

Lupinenball
80 g Lupinenschrot
40 g Polenta
250 ml heiße Gemüsebrühe

Gemüse
2 Auberginen (ca. 500 g)
2 rote Zwiebeln
350 g Sellerieknolle
2 Knoblauchzehen
400 g Tomaten
3 EL Mandelblättchen
Olivenöl
1 Rosmarinzweig
2 EL Cranberrys
½ TL Salz
1 EL Birnendicksaft
2 EL Weißweinessig

Kräutercreme
2 EL helles Mandelmus
5 EL Wasser
1 Msp. Salz
1 EL italienische Kräuter (getrocknet)
1 TL Apfelessig

Lupinenschrot und Polenta mit Gemüsebrühe übergießen, verrühren, quellen lassen und warmstellen.

Für die Kräutercreme Mandelmus und Wasser cremig rühren. Salz, Kräuter und Apfelessig einrühren und beiseitestellen.

Auberginen waschen, in ca. 1 cm dicke Scheiben schneiden und vierteln. Zwiebeln schälen, halbieren und in Streifen schneiden. Knoblauch schälen und pressen. Sellerie waschen, oberes und unteres Ende großzügig abschneiden, schälen, in ca. 1 cm dicke Scheiben schneiden und würfeln. Tomaten waschen, vierteln und in Würfel schneiden.

Mandelblättchen in einer Pfanne ohne Fett unter Wenden goldbraun rösten.

Olivenöl in einer Pfanne erhitzen und die Auberginenstücke bei starker Hitze 3 bis 4 Minuten braten. Zwiebeln, Knoblauch und gehackten Rosmarin zugeben und bei mittlerer Hitze einige Minuten mitbraten. Salz und Birnendicksaft unterrühren.

Selleriewürfel, Tomaten und Cranberrys untermischen und weitere 3 Minuten braten. Zum Schluss das Gemüse mit Weißweinessig ablöschen und die Mandelblättchen untermischen.

Ein Viertel der Lupinenschrot-Polenta-Mischung in eine leicht eingefettete Teetasse geben und mit einem Teelöffel gut andrücken. Die Tasse auf einen Teller stülpen, Pfannengemüse um den Lupinenball verteilen und mit Kräutercreme servieren. Für die übrigen Portionen ebenso verfahren.

Lupinen kennt man vor allem als bunte Farbtupfer in Gärten und am Wegesrand beim Wald- und Wiesenspaziergang. Die für den menschlichen Verzehr gezüchtete Blaue Süßlupine enthält sehr viel weniger Bitterstoffe als ihre wilden Verwandten, sie ist eiweiß- und ballaststoffreich, enthält hingegen relativ wenig Fett. Außerdem enthält sie wie alle Hülsenfrüchte große Mengen an Mineralstoffen, hier sind unter anderem Kalium, Magnesium und Eisen zu nennen.
Aus den Samen der Pflanze werden Mehl und Schrot hergestellt, die wiederum Grundlagen für Geschnetzeltes oder Burger sein können. Da sie nur einen sehr leichten Eigengeschmack haben, eignen sich Lupinenmehl und Lupinenschrot für süße und herzhafte Gerichte.

PAPRIKA-BULGUR-PFANNE MIT ROTE-BETE-LINSEN-SALAT

Paprika-Bulgur-Pfanne
150 g Bulgur
300 ml Wasser
150 g Paprika
80 g Tomaten
2 Pfirsiche
1 Zwiebel
1 Knoblauchzehe
1 EL Olivenöl
1 TL Salz
½ Bund glatte Petersilie

Rote-Bete-Linsen-Salat
200 g Rote Bete
120 g Beluga-Linsen
400 ml Wasser
2 Lorbeerblätter
1 Zweig Thymian

Feigensenf-Vinaigrette
1 TL Feigensenf
1 EL Ahornsirup Grad A
2 EL Balsamico-Essig
3 EL Olivenöl
je 1 Prise Salz, Pfeffer, Kreuzkümmel

> Bulgur ist ein Hauptnahrungsmittel in der Türkei und im Vorderen Orient. Es handelt sich um eine verarbeitete Form von Weizen, der vorgekocht, getrocknet und von der Kleie befreit wird. Bulgur kann ähnlich wie Reis oder Couscous zubereitet und verwendet werden.

Alle Zutaten für die Vinaigrette in einer Schale mischen und verrühren.

Rote Bete in einen Topf geben, mit Wasser bedecken und zum Kochen bringen. 25 bis 30 Minuten kochen.

Beluga-Linsen mit Wasser, Lorbeerblättern und Thymian aufkochen und bei kleiner Flamme ca. 20 Minuten köcheln lassen. Danach restliches Kochwasser abgießen, Lorbeer und Thymian entfernen und die Linsen kurz unter kaltem Wasser spülen. Rote Bete abschrecken, schälen, würfeln und mit den Linsen mischen. Vinaigrette unterheben und durchziehen lassen.

Gleichzeitig mit den Linsen den Bulgur mit Wasser aufsetzen, einmal aufkochen lassen und bei geringer Hitze 20 Minuten köcheln lassen.

Während der Bulgur kocht, Paprika waschen, entkernen und in Stücke schneiden. Tomaten waschen. Pfirsiche waschen und entkernen. Paprika, Tomaten und Pfirsiche in einen Mixer geben und pürieren. Zwiebel und Knoblauch schälen, fein hacken und in einer Pfanne kurz in Olivenöl anbraten, bis die Zwiebelstücke glasig werden. Paprika-Tomaten-Pfirsich-Mix einrühren, den Bulgur dazugeben und salzen. Petersilie fein hacken und unterheben.

Die Gemüsepfanne und den Salat auf Schälchen verteilen und servieren.

BUNTER GEMÜSETOPF MIT LUPINEN-KICHERERBSEN-BRATLINGEN

Bunter Gemüsetopf
350 g frische grüne Bohnen
(oder 300 g TK-Bohnen)
400 g Kartoffeln
300 g Tomaten
2 rote Zwiebeln
2 Knoblauchzehen
3 EL geröstete und
gesalzene Erdnüsse
1 EL Erdnussmus
1 EL Erdnussöl
½ TL Salz
1 EL frischer Thymian
(gehackt)
100 ml warmes Wasser

Lupinen-Kichererbsen-
Bratlinge
100 g Lupinenschrot
50 g Kichererbsenmehl
250 ml heißes Wasser
½ TL Koriander
½ TL Salz
1 Msp. Pfeffer
Erdnussöl

Bohnen waschen, abtrocknen und klein schneiden. Kartoffeln schälen und klein schneiden. Tomaten waschen und würfeln. Zwiebeln und Knoblauch schälen. Zwiebeln in Streifen schneiden, Knoblauch fein hacken.

Bohnen ca. 20 Minuten in Salzwasser gar kochen.

Lupinenschrot mit heißem Wasser übergießen und 10 Minuten quellen lassen. Kichererbsenmehl hinzugeben und gut vermengen. Mit Salz, Pfeffer und Koriander würzen. Aus der Masse mit feuchten Händen flache Bratlinge formen und von beiden Seiten in Erdnussöl braten, bis sie eine goldgelbe Färbung bekommen.

Gleichzeitig mit der Zubereitung der Bratlinge in einem weiten Topf Erdnussöl erhitzen, Zwiebeln und Knoblauch darin glasig dünsten. Erdnüsse kurz mitbraten und Tomatenstücke dazugeben. Sobald die Tomatenstücke etwas zerkocht sind, Kartoffeln hinzugeben und mit Wasser ablöschen.
10 Minuten bei mittlerer Hitze köcheln lassen. Thymian und Erdnussmus einrühren und alles weitere 5 Minuten garen. Bohnen hinzugeben und salzen.

Die Bratlinge auf Teller verteilen und das Gemüse dazu reichen.

> Kartoffeln haben es gern dunkel und kühl, sonst fangen sie schnell an zu keimen und bekommen grüne Stellen. Wie bei anderen Nachtschattengewächsen auch, weisen solche grünen Stellen auf den Giftstoff Solanin hin und sollten großzügig entfernt werden, denn das Gift kann durch Erhitzen nicht zerstört werden. Kartoffeln sollten daher sicherheitshalber immer geschält werden, da Solanin direkt unter der Schale gebildet wird. Geschält und gekocht sind sie allerdings gesunde Kraftpakete: Sie strotzen vor komplexen Kohlehydraten und stimulieren das Wachstum.

HOLUNDERBLÜTENPFANNKUCHEN MIT CRANBERRY-MANDEL-CREME

für 8 Holunderblüten-
pfannkuchen
10 Holunderblüten mit
Stängel
200 g Weizenmehl Type 550
2 EL Reismehl
40 g Speisestärke
2 EL Backpulver
300 ml Mineralwasser
1 Msp. Salz
Bratöl

Cranberry-Mandel-Creme
40 g getrocknete Cranberrys
40 g Mandelmus
5 EL Mandelmilch
1 Msp. Pfeffer
3 TL Cranberry-Sirup
1 Prise Salz

Holunderblüten waschen und abtropfen lassen. 2 Blütenstängel für die Deko zur Seite legen.

Für den Teig erst die trockenen Zutaten vermischen, dann mit Mineralwasser verrühren und 10 Minuten ziehen lassen.

Währenddessen die Cranberry-Mandel-Creme zubereiten: Cranberrys in kleine Stücke hacken und mit den übrigen Zutaten in einer kleinen Schüssel cremig rühren.

Für die Holunderblütenpfannkuchen in einer kleinen Pfanne Bratöl erhitzen, Holunderblüten in Teig eintauchen, auf den Pfannenboden geben und bei mittlerer Hitze ausbacken.

Fertige Pfannkuchen auf Tellern im Backofen bei 50 °C warmhalten. Die Pfannkuchen zusammen mit der Cranberry-Mandel-Creme servieren. Zum Essen den Stängel der eingebackenen Blüten als Griff verwenden und nur die kleinen Blüten und Ästchen mitessen.

> Holunder wächst in unseren Breitengraden sehr gern. Man findet ihn in der Stadt an vielen Ecken, häufig auch direkt an Hauswänden wachsend. Die Blütezeit fängt etwa Mitte Mai an und kann je nach Temperatur und Standort bis in den Juli andauern. Danach reifen die Blüten zu schwarzen Beeren heran. Vorsicht: Bis auf die Blüten sind alle übrigen Pflanzenteile giftig.
> Durch Erhitzen können die Beeren für den Menschen genießbar gemacht werden.

LEUCHTEN STERNE AUCH FÜR TIERE?

Marsili Cronberg lebt und arbeitet als freier Autor in Berlin. Zu seinen Veröffentlichungen gehören "Wie ich verlernte, Tiere zu essen" und "Fantasia: Vom Kochen und Träumen". Als Gast auf Hof Butenland fand er Abstand vom städtischen Alltag und Inspiration für viele seiner Texte.

Weißt du, dass deine Wünsche nur dann in Erfüllung gehen, wenn du zu Liebe und Verständnis für Menschen, Tiere, Pflanzen und Sterne fähig bist, sodass jede Freude zu deiner Freude, jeder Schmerz zu deinem Schmerz wird? – Albert Einstein

Auf Butjadingen, dort zwischen Jadebusen und Bremerhaven, wo Hof Butenland steht, wird es nachts richtig dunkel. Und wenn der Himmel klar ist, dann strahlen die Sterne hell. Wenn man sich im Sommer in der Nacht ins Gras legt, dann fliegt man mit der Erde durch den Weltraum zur Milchstraße. Wenn man sich in die Sterne träumt in Butjadingen, dann lösen sich der Alltag und die Zwänge des Lebens auf und man wird ganz klein und bedeutungslos und man spürt einfach nur das Leben – und es fühlt sich wundervoll an. Und manchmal vergisst man, dass man ein Mensch ist.

Leuchten Sterne auch für Tiere?
Wenn man in den Butjadinger Wiesen wandert in Dunkelheit, wenn man sich ganz allein fühlt unter dem Sternenzelt und dennoch die Nähe der vielen Tiere spürt um sich, die Kühe, die vielen Kühe in Freiheit, dann kann es geschehen, dass sich der Verstand löst vom Sein, dass sich das Menschsein auflöst im Tau unter den Füßen und irgendwann auch die vielen Fragen. Und man spürt, wie sehr man verbunden ist mit dem Leben. Und aller Alltag zieht in die Ferne und das Fernsehprogramm und die Nachrichten vom anderen Ende des Verstehens und der Wetterbericht und die Lottozahlen und die Staunachrichten – alles versandet, und man spürt nur noch das Sein.

Natürlich sehen Kühe die Sterne. Die Frage ist nur: Was machen sie sich aus ihnen? Träumen sie auch wie wir Menschen? Sicher nicht. Oder vielleicht doch?
Und ist es überhaupt von Belang, was sie in den Sternen sehen?

Und wenn der Mond hell scheint und die Wiesen silbern leuchten – denken auch Kühe über das Leben nach? Sterne leuchten auch für Tiere. So wie sie es immer taten, seit Millionen von Jahren. Der Mensch hat sich in ein paar Tausend Jahren zum Herrscher der Welt aufgeschwungen. Mit seinem Verstand bezwingt er die Natur. Aber er tut es nicht mit dem Herzen. Wenn er auf sein Herz hören würde, wäre er ein anderer. Er würde die Sterne sehen. Er würde sie so lieben, wie die Tiere es tun und nicht nur noch von Fotos kennen oder von dem kurzen gelangweilten Blick aus dem Fenster. Er würde spüren, dass er nur eines von unendlich vielen Wesen auf unserem Planeten ist. Er wäre er selbst und keine vom Konsum geformte Marionette, gehalten wie ein Nutztier in der riesigen Herde, von der sich die Industrie nährt und für die nur das Gesetz des Stärkeren über den Schwächeren zählt. Die Sterne würden so für ihn leuchten, wie sie es für die Tiere tun.
Ganz unmittelbar und einfach nur da. Und er wäre frei.

Die Sterne verblassen im Morgengrauen. Nebel liegt über den Weiden. Die nahe Nordsee weht ihren salzigen Duft herüber, Bienen summen im Löwenzahn und um mich herum liegen die Kühe im Gras, kauen gemächlich vor sich hin und alle von ihnen tragen einen eigenen Namen.

Penelope hebt ihren Kopf zu mir herüber. Da sind keine Fragen in ihren Augen, so wie sie bei mir waren vor Stunden. Da sind auch kein Zweifeln und keine Glut. Da ist nur Ruhe und Sanftmütigkeit. Was hat diese Kuh in ihren 20 Jahren alles gesehen? Zwölf Kinder hat sie ins Leben geboren. Keines von ihnen durfte sie aufwachsen sehen. „Weißt du, was das Leben ist?", frage ich sie, so als wäre dies das Normalste, was man eine Kuh fragen kann, die da neben einem im Gras liegt. Doch Penelope senkt nur ihren Kopf und rupft noch etwas Löwenzahn. Ihre Augen sind dunkel und glänzen. Und was für riesige Hörner sie hat. Und auch Alma, die jahrelang als Versuchskuh in einem Labor vegetierte, bevor sie hier auf dieser Insel des freien Lebens landete, antwortet mir nur mit einem gemütlichen Schnauben. Und auch in ihren Augen entdecke ich etwas seltsam Vertrautes. Beinahe geheimnisvoll Vertrautes.

Alma ist wunderschön. Ich habe nicht gewusst, wie schön Kühe sein können. Oder war es nur in mir verborgen? Wie seltsam das Wort in meinen Ohren klingt: „Kuh". Werde ich jemals jene Vorurteile ablegen können, die mich mein halbes Leben lang gefangen hielten?
Und dann, irgendwann im Aufgang der Sonne, als ich im Gras liegend in den graublauen Himmel sehe und in den Schäfchenwolken die seltsamsten Figuren ausmache und sich meine Gedanken gelöst haben und frei umherfliegen in der Welt, da fühle ich, dass hier im Gras auf der Wiese all meine Fragen nach dem Warum und dem Wohin, die Fragen nach dem Leben und nach dem Grund aller Dinge verstummt sind. Ein Löwenzahn kitzelt meine Wange. Eine Ameise krabbelt über meinen Arm. Und ich schließe die Augen und sehe die Sterne.

HEIDELBEER-SAHNETÖRTCHEN

für 2 Dessertringe
à 8 cm Durchmesser
150 g Heidelbeeren
150 ml Reissahne (Soyatoo)
1 Pck. Sahnesteif
1 Pck. Vanillezucker
100 g Dinkel-Paracini
(Sommer)
5 EL Reismilch
einige Zweige Minze
2 TL Zartbitter-Schokosplits

Reissahne für zwei Stunden in den Kühlschrank stellen. Herausnehmen und mit dem Handrührgerät auf höchster Stufe einige Minuten aufschlagen. Sahnesteif und Vanillezucker einrieseln lassen, nochmals aufschlagen und wieder kühlen.

Dessertringe auf Untertassen stellen. Paracini mit Reismilch beträufeln und als Boden in die Dessertringe legen.

Heidelbeeren waschen und verlesen. Jeweils 50 g Beeren auf die Paracini geben, Sahne darauf verteilen und für eine weitere Stunde in den Kühlschrank stellen.

Mit einem angefeuchteten Messer ohne abzusetzen an der Innenseite der Dessertringe entlangfahren, die Törtchen herauslösen und auf Kuchenteller geben. Mit Minzeblättern und Schokosplits dekorieren, die übrigen Heidelbeeren und einige Paracini darum herum verteilen.

> Heidelbeeren sind reich an Carotinen, die das Immunsystem und die Körperzellen gegen Bakterien und freie Radikale schützen. Außerdem enthalten sie Pflanzenfarbstoffe, denen neben zellschützenden Eigenschaften auch eine krebsvorbeugende Wirkung zugesprochen wird.
> Die Gefahr, sich durch selbstgepflückte Wildheidelbeeren mit Fuchsbandwurm zu infizieren, ist unbegründet. Infektionsmediziner konnten das inzwischen empirisch nachweisen. Richtig ist jedoch, dass Hunde und in selteneren Fällen auch Freigängerkatzen Wirte für den Fuchsbandwurm sein können, daher sollten sie regelmäßig entwurmt werden.

HIMBEER-SAHNE-TRAUM

für 4 Dessertgläser
400 g Sojajoghurt
(abgetropft 300 g)
150 g Kokossahne (Soyatoo)
80 g Himbeerkonfitüre
2 EL Rohrohrzucker
400 g Himbeeren
1 EL Maisstärke
3 EL Wasser
30 g Zartbitterschokolade
(71 % Kakao)
80 g getrocknete Sauerkirschen

Sojajoghurt 1 bis 2 Stunden abtropfen lassen. Danach mit Kokossahne verrühren. Eine Hälfte der Joghurt-Sahne-Mischung mit Himbeerkonfitüre verrühren, die andere Hälfte mit Rohrohrzucker süßen. Beides kühl stellen.

Himbeeren in einen Topf geben und erhitzen. Maisstärke mit Wasser verrühren und mit einem Schneebesen in die Himbeeren rühren. So lange rühren, bis die Himbeeren leicht eindicken.

Schokolade im Wasserbad schmelzen und die getrockneten Sauerkirschen damit vermengen. Auf einem Stück Backpapier trocknen lassen.

Die Cremes und Himbeeren nacheinander in Dessertgläser schichten und mit den schokolierten Sauerkirschen verzieren.

> Haare schön mit Himbeeren!
> Die roten weichen Beeren bestechen neben ihrem Reichtum an Vitamin A und C auch durch das „Schönheitsvitamin" Biotin, das Haare und Haut kräftigt. Nach der Einnahme von Antibiotika bietet sich eine Biotin-Kur an, da durch Antibiotika die körpereigene Biotin-Produktion gestört werden kann.

ANANAS-PRINZENTRAUM

für 4 Dessertgläser
2 Mangos
(oder 400 g Mangostücke)
1 Ananas
(oder 400 g Ananasstücke)

für 400 ml Cashewcreme
170 g Cashewkerne
300 ml Wasser zum Einweichen
2 EL Zitronensaft und einige Abriebe der Schale
125 ml Wasser zum Pürieren
2 EL Ahornsirup Grad A

Topping
2 EL Kokos-Chips
2 EL getrocknete Cranberrys

Cashewkerne in eine Schale geben, mit Wasser bedecken und mindestens 4 Stunden einweichen lassen.

Das Einweichwasser abgießen, die Kerne mit frischem Wasser in einen Mixer geben und pürieren. Etwas Zitronenschale abreiben und die Zitrone auspressen. Zitronensaft, Zitronenschale und Ahornsirup zum Cashewpüree geben und alles auf höchster Stufe so lange mixen, bis eine glatte Creme entsteht.
Die Creme in den Kühlschrank stellen.

Mangos schälen, aufschneiden und die Kerne entfernen. Ananas von der Schale befreien und den holzigen Mittelteil entfernen. Die Früchte in kleine Stücke schneiden. Mango- und Ananasstücke mischen.

Die Zutaten schichtweise auf vier Dessertgläser verteilen und mit Kokos-Chips und Cranberrys verzieren.

> Ananas ist mit Abstand die Lieblingsfrucht unseres Prinzenschweins. Ob es die nachgesagte aphrodisierende Wirkung ist? Oder weil es sich nach ausgiebigem Ananasgenuss besonders gut schlafen lässt? Möglicherweise interessiert sich der leicht übergewichtige Prinz auch für die entschlackende Wirkung? Ach, wahrscheinlich schmeckt's dem alten Genießer einfach!

ERBSEN-KOKOS-SUPPE MIT KRÄUTERBROT

Erbsen-Kokos-Suppe
600 g frische Erbsen in
der Schale (oder 450 g
TK-Erbsen)
1 Zwiebel
2 Knoblauchzehen
1 EL Olivenöl
300 ml Wasser
200 ml Kokosmilch
einige Zweige Minze
1 TL Salz
2 EL Mandelstifte
2 EL getrocknete,
in Öl eingelegte Tomaten

Kräuterbrot
250 g Dinkelmehl Type 630
½ TL Salz
¼ Würfel Hefe
120 ml warmes Wasser
2 EL Olivenöl
1 Knoblauchzehe
1 Bund Bärlauch

In der griechischen Mythologie heißt es, der Meeresgott Neptun habe den Menschen die „grüne Perle" gebracht. Ob göttlichen Ursprungs oder nicht: Erbsen sind reich an Stärke und Ballaststoffen und enthalten wie alle Hülsenfrüchte viel Eiweiß – im Durchschnitt 23 Prozent.

Und auch wenn es mehr Arbeit macht: Probieren Sie das Rezept mit frischen Erbsen. Das sogenannte Palen kann sogar recht meditativ sein und der Geschmack frischer Erbsen direkt aus der Schote ist einfach einzigartig (Naschen unbedingt erwünscht!). Diese essbaren „Perlen" sind uns eindeutig lieber als echte!

Bärlauch und Knoblauch fein hacken. Mehl und Salz in einer Schüssel mischen. Die Hefe im Wasser auflösen und zur Mehl-Salz-Mischung geben, die Zutaten grob verkneten. Olivenöl, Bärlauch und Knoblauch dazugeben und alles mindestens 5 Minuten mit den Händen kneten.

Den Teig mit einem feuchten Küchentuch abdecken und ca. 1 Stunde an einem warmen Ort gehen lassen. Der Teig sollte nach der Gehzeit sein Volumen etwa verdoppelt haben. Noch einmal kurz durchkneten und mit den Händen 2 flache, etwa 1 cm dicke Brotfladen formen. Die Fladen auf ein mit Backpapier ausgelegtes Backblech geben und im vorgeheizten Backofen bei 180 °C 20-25 Minuten backen.

Während der Teig geht, die Erbsen aus den Schoten lösen.

Während die Kräuterbrote backen, die Suppe zubereiten: Zwiebel und Knoblauch schälen und klein hacken. Öl in einem Topf erhitzen und Zwiebel und Knoblauch kurz darin anbraten, Erbsen hinzugeben und mit Wasser ablöschen. Etwa 15 Minuten bei mittlerer bis geringer Hitze köcheln lassen. Minzeblätter von den Stängeln trennen. Am Ende der Kochzeit Minze und Kokosmilch einrühren. Alles pürieren und mit Salz abschmecken.

Die getrockneten Tomaten klein hacken. Suppe auf tiefe Teller oder Schüsseln verteilen und mit Tomatenstücken und Mandelstiften verzieren. Dazu das ofenwarme Kräuterbrot reichen.

WENN ES HERBST WIRD AUF HOF BUTENLAND, SIEHT MAN MINISCHWEINE AUF APFELJAGD GEHEN

Im Herbst wird der Kuhstall frisch eingestreut. Dann riecht einige Tage alles angenehm nach Stroh und man hört ständig einen Menschen irgendwo niesen, weil ihn der Staub in der Nase kitzelt.
Die Strohpreise für Nachschub werden jetzt auch schon geprüft und wir vergewissern uns, ob wir im Sommer genug Heu gemacht haben oder zukaufen müssen, was aufgrund jahrelanger Erfahrung glücklicherweise selten der Fall ist.

Ganz unabhängig von Jahreszeiten sind diverse Routinearbeiten zu erledigen. Dazu gehören die Wartung und Pflege der Maschinen genauso wie die täglichen Kontrollgänge zu den Weiden, um zu überprüfen, ob die Zäune noch alle richtig stehen, ob der Strom überall funktioniert und ob keine Kuh in den Wassergraben gefallen ist – das kann wirklich passieren: Wenn man zum Beispiel so ein Tollpatsch wie unsere verträumte Käthe ist, schafft man es tatsächlich und findet sich bis zu den Schultern im Graben wieder, aus dem man nur mit menschlicher Hilfe und einigen Trecker-PS wieder herauskommt.

Unser königliches Hofschwein juckt das alles selbstverständlich überhaupt nicht, dafür hat er ja auch sein Personal: uns. Der rosa Prinz hat vielmehr schon im Spätsommer ein neues Hobby entdeckt: Eimer voll mit Äpfelchen klauen und genüsslich zermampfen – also die Äpfel, nicht die Eimer natürlich. Obwohl, man weiß ja nie, welche Blüten der Futterneid eines Tages noch treiben wird. Rudi steht nämlich auch auf Äpfel.

Aber meistens verstehen die beiden dicken Minipigs sich ganz gut und es sind ja wirklich genug Äpfel für alle da.
Kaspar, unser hübscher Ponymann, kann aus frischen Äpfeln übrigens ohne Hilfsmittel prima Apfelsaft herstellen – das soll ihm mal bitte jemand nachmachen! Gut, man hat die Suppe dann auf den Schuhen und an den Händen, aber über solche Kleinigkeiten wird auf Hof Butenland großzügig hinweggesehen. Wenn wir also keine Lust mehr auf Apfelkuchen, Apfelmus und Apfelstrudel haben, finden sich überall willige Abnehmer.

Wenn die Herbststürme über Butenland fegen, machen es sich nicht nur die Menschen abends gern auf dem Sofa gemütlich. Um ehrlich zu sein: Wenn wir mit der Hofarbeit fertig sind, ist meist schon nix mehr mit gemütlich auf dem Sofa sitzen. Das wurde bis dahin nämlich schon längst von Hunden, Katzen und manchmal auch von einem verirrten Huhn besetzt. Frei nach dem Motto: Hier bin ich Huhn, hier darf ich's sein. Und genau wie der rosa Prinz gehen unsere geflügelten Damen und Herren jetzt früher schlafen. Ob sie wohl davon träumen, Rosa-Mariechen am nächsten Morgen wieder ein Stückchen Banane von ihrem Frühstücksteller zu stibitzen? Träumen Hühner überhaupt? Und interessieren Kühe sich für die Sterne am Himmel?
Wir sind uns sicher: Sterne leuchten auch für Tiere. Der Hof liegt in Dunkelheit, aus dem Schweinestall dringen wohlige Schnarchlaute, ab und zu schnaubt eine Kuh im Stroh und oben strahlen tausende Seelen ihr Licht ins All. Einige von ihnen haben eine Weile hier bei uns verbracht und wir sind dankbar für die Zeit, die wir mit ihnen erleben durften.

LUI MIT DEN DAMEN IM OBSTGARTEN

APFELKÜCHLEIN MIT VANILLE-MANDEL-SAUCE

für 4 Puddingschälchen
oder eine 20 x 20 cm
große Auflaufform

Apfelküchlein
200 g Vollkornblätterteig
200 g Äpfel
50 g Rosinen
2 EL Karamellsirup
2 EL helles Mandelmus
40 g gehackte und
geröstete Mandeln
60 g Marzipan
1 Msp. Zimtpulver

Vanille-Mandel-Sauce
500 ml Mandelmilch
30 g Rohrohrzucker
Mark einer halben
Vanilleschote
1 Prise Salz
1 Msp. Zimt
20 g Maisstärke
2 EL Mandelsahne

> Schon gewusst? Äpfel gehören zur Familie der Rosengewächse. Neben ihrer süß-säuerlichen Saftigkeit bestechen sie durch reichlich Ballaststoffe und einen hohen Pektingehalt – das ist nicht nur gut zum Marmeladekochen, sondern kann sogar helfen, den Cholesterin- und Blutfettspiegel zu senken. Und wer wissen will, was man sonst noch so mit Äpfeln anstellen kann, sollte mal drei Seiten zurückblättern …

Blätterteig 10 Minuten auftauen lassen. Währenddessen die Füllung vorbereiten: Äpfel waschen, entkernen, achteln und in schmale Stücke schneiden. In einer Schüssel Äpfel, Rosinen, Mandeln, Karamellsirup, Mandelmus und Zimtpulver vermischen.

Blätterteig auf vier ofenfeste Puddingförmchen verteilen. Marzipan dünn ausrollen und auf den Blätterteigboden legen, die Apfel-Rosinen-Mischung darauf verteilen. Alternativ können Teig, Marzipan und Füllung auch in eine kleine Auflaufform gegeben werden.
In diesem Fall die Blätterteigplatten etwas überlappend in die gefettete Form drücken und an den Rändern nach innen umklappen.

Im vorgeheizten Backofen bei 180 °C auf der mittleren Schiene ca. 20 Minuten backen. Nach dem Backen fünf Minuten abkühlen lassen und aus den Formen lösen.

Während der Backzeit die Vanillesauce anrühren:
Von der Mandelmilch 100 ml abnehmen und mit einem Schneebesen mit der Maisstärke verrühren. Die restliche Mandelmilch mit Zucker, Vanillemark, Salz und Zimt zum Kochen bringen.
Jetzt die Stärke-Mandelmilch-Mischung zügig einrühren, kurz aufkochen lassen und bei geringer Hitze 2 bis 3 Minuten köcheln lassen. Dabei ständig rühren, damit nichts anbrennt oder überkocht. Wenn die Sauce merklich eindickt, den Topf vom Herd nehmen, mit dem Schneebesen die Mandelsahne einrühren und einige Minuten abkühlen lassen. Hin und wieder umrühren, damit sich keine Haut bildet.

Die Sauce noch warm zu den Apfelküchlein servieren.

BÄRLAUCHNUDELN MIT GEMÜSESPIRALEN UND MANDEL-SAUCE

200 g Bärlauch-Bandnudeln

Gemüsespiralen
450 g Kohlrabi
300 g Möhren
1 rote Zwiebel
1 EL Olivenöl
200 ml Gemüsebrühe
½ TL Salz

Mandel-Sauce
2 EL helles Mandelmus
50 ml Wasser
1 EL Olivenöl
Saft einer halben Zitrone
1 TL Apfelessig
2 EL Hefeflocken
1 Bund Schnittlauch
1 Msp. Salz
1 Prise Pfeffer

Für die Sauce den Schnittlauch waschen und fein hacken. Mandelmus, Wasser und Olivenöl kräftig verquirlen. Zitronensaft, Apfelessig, Hefeflocken und etwa zwei Drittel des gehackten Schnittlauchs unterheben. Mit Salz und Pfeffer abschmecken. Die Sauce im Kühlschrank durchziehen lassen. Den übrigen Schnittlauch beiseitestellen.

Kohlrabi schälen und mit dem Spiralschneider in dünne Scheiben drehen. Möhren waschen und mit dem Spiralschneider in Spaghettiform drehen. Zwiebel schälen und würfeln. Bärlauchnudeln nach Packungsanweisung in Salzwasser gar kochen.

In einem weiten Topf Olivenöl erhitzen und die Zwiebelwürfel darin glasig dünsten. Möhrenspaghetti und Kohlrabispiralen hinzugeben und umrühren. Mit Gemüsebrühe ablöschen und bei mittlerer Hitze etwa 5 Minuten dünsten. Am Ende der Garzeit salzen.

Die Nudeln auf Tellern anrichten. Darauf die Gemüsespiralen verteilen, Sauce darübergeben und mit dem restlichen Schnittlauch bestreuen.

> Bärlauch wächst, wie sein Beiname Waldknoblauch vermuten lässt, gern in Wäldern, bevorzugt an schattigen und feuchten Orten. In Norddeutschland ist er inzwischen selten, weiter südlich trifft man ihn jedoch häufig an. Vorsicht beim Selbstsammeln:
> Bärlauch wird immer wieder mit Maiglöckchen und den Blättern der Herbstzeitlosen verwechselt. Beide Pflanzen sind hochgiftig und der Verzehr kann tödlich enden.

MEDITERRANES GEMÜSE
MIT TOMATEN- UND JOGHURT-DIP

Mediterranes Gemüse
400 g Kartoffeln
(festkochend)
400 g Zucchini
1 Aubergine
6 milde, große
Peperoni in Essigsud
1 rote Zwiebel
3 EL Olivenöl

Tomaten-Dip
350 g Tomaten
1 gehackte Zwiebel
1 Knoblauchzehe
1 EL Olivenöl
je 1 Prise Salz und Pfeffer
1 EL Agavendicksaft
1 EL Tomatenmark

Joghurt-Dip
200 g Sojajoghurt
1 EL Agavendicksaft
je 1 Prise Salz, Pfeffer,
Kreuzkümmel und
Chiliflocken
einige Zweige frische Minze
einige Zweige frische,
glatte Petersilie
einige frische Korianderblätter

Tomaten waschen, Haut einritzen, kurz in kochendes Wasser legen, kalt abschrecken und schälen. Fruchtfleisch würfeln. Zwiebeln und Knoblauch schälen und fein hacken, in Öl anschwitzen, Tomatenstücke dazugeben und bei mittlerer Temperatur 20 Minuten unter gelegentlichem Rühren köcheln lassen. Mit Tomatenmark und Agavendicksaft andicken.

Während der Tomaten-Dip köchelt, das Gemüse vorbereiten: Zucchini und Auberginen waschen. Kartoffeln schälen und in Spalten schneiden, Zucchini und Auberginen in Scheiben schneiden. Auberginenscheiben salzen und für 10 Minuten auf Küchenpapier legen, anschließend abtupfen. Peperoni abtropfen lassen. Zwiebel schälen und in längliche Spalten schneiden.

Ein Backblech dünn mit Olivenöl bestreichen. Kartoffeln und Zucchini im vorgeheizten Backofen bei 200 °C ca. 20 Minuten backen, zwischendurch wenden.

Während das Gemüse bäckt, den Joghurt-Dip zubereiten: Joghurt, Agavendicksaft und trockene Gewürze verrühren. Petersilie, Minze und Koriander etwas hacken und einrühren.

Olivenöl in einer Pfanne erhitzen und die Auberginenscheiben von beiden Seiten braten, bis sie weich werden. Anschließend zum Entfetten auf Küchenpapier legen.

Nach der ersten Backzeit Zwiebelspalten und Peperoni zum Ofengemüse geben und weitere 5 Minuten backen.

Das Gemüse auf Servierteller verteilen, die Dips in Schälchen füllen und dazu reichen.

Freiland-Auberginen enthalten mehr Bitterstoffe als Gewächshausware.

Das Salzen der Auberginenscheiben entzieht einen Teil der Bitterstoffe und der Flüssigkeit. Werden Auberginen mitgekocht, z. B. in einem Gemüsetopf, braucht man sie vorher nicht „weinen" zu lassen; außerdem sind die Bitterstoffe durchaus gesund, sie schützen nicht nur die Pflanze vor Fressfeinden, sondern regen die Verdauung an, wirken entkrampfend und entspannend.

EINE OMA FÜR MATTIS

Tiere essen ist nicht nur einfach eine Angelegenheit der persönlichen Ethik; es ist das unausweichliche Endresultat eines tief verwurzelten, unterdrückenden „-ismus". Tiere essen ist ein Thema sozialer Gerechtigkeit. – Melanie Joy

Jeff Mannes ist Mitbegründer und Pressesprecher der Vegan Society Luxembourg sowie Koordinator für Europa beim Carnism Awareness and Action Network (CAAN; deutsch: Karnismus Aufklärungs- und Aktionsnetzwerk KAAN).

Als Kind war ich oft mit meiner Familie auf der Treibjagd. Als einmal abends die Jäger mit den getöteten Rehen zurückkamen, bemerkten wir, dass ein Hund während der Jagd verloren gegangen war. Und während ich neben den getöteten Rehen stand, die mit blutigen Mäulern und leeren Augen an ihren Nägeln im Kehlkopf, an denen sie aufgehängt waren, hin und her schwankten und an denen Blut herabtropfte, dachte ich: Hoffentlich ist dem Hund nichts passiert!

Hinter dieser Einstellung verbirgt sich ein unsichtbares Glaubenssystem, das unsere Handlungen und Gedanken wie eine unsichtbare Hand lenkt, ohne dass wir uns dessen bewusst sind: Karnismus. Es gewöhnt uns von Kind auf daran, es als normal, natürlich und notwendig zu betrachten, bestimmte Tiere sowie deren Körperausscheidungen (etwa Kuhmilch und Hühnereier) zu essen. Karnismus hat mir „beigebracht", bei den getöteten Rehen kein Mitgefühl zu empfinden, während ich mir Sorgen um den Hund machte. Karnismus ist dabei eine gewaltvolle Ideologie, weil Fleisch und andere Tierprodukte nicht ohne das Töten von Tieren hergestellt werden können. Und da Gewalt gegen die Moralvorstellungen der meisten Menschen verstößt, benötigt Karnismus komplexe psychologische Schutzmaßnahmen, um sich selbst am Leben zu erhalten: Wir werden emotional betäubt, wenn es um das Essen bestimmter Tierspezies geht, so dass wir auf unserem Teller nicht den Körper eines toten Tieres sehen, sondern ein Stück essbares Fleisch, ein Produkt.

Es hat bis zu meinem zwanzigsten Lebensjahr gedauert, bis ich mit diesem Widerspruch nicht mehr leben konnte und vegetarisch, dann vegan wurde. 2011 fuhr ich mit meinem Freund Sascha zum ersten Mal nach Hof Butenland, wo wir die Freude hatten, Gisela, eine damals 17 Jahre alte Kuhdame, kennenzulernen.

Gisela stammte aus der Milchindustrie. Wie alle Nutztiere sind auch Milchkühe keine Lebewesen mehr; sie sind Produktionseinheiten, anonyme Nummern. Gisela wurde als Gebärmaschine missbraucht. Jahr für Jahr wurde sie gegen ihren Willen geschwängert, Jahr für Jahr brachte sie ein Kalb zur Welt. Keines davon hat sie behalten dürfen. Alle wurden ihr nach der Geburt weggenommen, um ihre Milch zu stehlen. In der Nutztierindustrie wird jedem Tier die Würde geraubt. Als wir auf Hof Butenland ankamen, lag sie im Stall und stand schon seit längerer Zeit nicht mehr auf. Ihre Kniegelenke waren steif, kaum mehr zu benutzen. Sie war auf einem Auge blind und stark abgemagert. Gisela war mit 17 Jahren bereits vergreist, obwohl sie erst etwas mehr als die Hälfte der natürlichen Lebenserwartung einer Kuh erreicht hatte. Gisela fraß auch nicht mehr. Es schien, als hätte sie sich aufgegeben.

Zwei Tage später entdeckten wir auf einer der Weiden eine Kuh, die nicht zu Hof Butenland gehörte. Sie war hochschwanger. Über ihre Ohrmarke fanden wir heraus, dass sie zu einem nahegelegenen Milchbetrieb gehörte. Wir wissen nicht, wie sie es geschafft hat, doch fest steht: Es gibt immer wieder Berichte darüber, dass Kühe während der zweiten oder dritten Schwangerschaft vor ihrem Bauern flüchten – ganz als ob sie wüssten, dass man sie und ihre Kinder kurz nach der Geburt für immer trennen würde.

Zusammen mit Karin und Jan überlegten wir, wie wir dieser mutigen Kuh und ihrem Ungeborenen ein Leben in Freiheit schenken könnten. Also machten Sascha und ich uns auf den Weg, um die Kuh freizukaufen. Der Bauer willigte ein und wir nannten die Kuh, die bis dahin eine Nummer statt eines Namens gehabt hatte, Dina. Schon am nächsten Tag erblickte Mattis das Licht der Welt. Was dann geschah, grenzte an ein Wunder: Mattis war das erste Kalb, das Gisela zu Gesicht bekam. Und die Kuh, die soeben noch jeden Lebenswillen verloren zu haben schien, stand nach der Geburt von Mattis urplötzlich auf. Es schien als wäre ihr ganzer Lebenswille im Moment der Geburt zurückgekehrt. Zum ersten Mal in ihrem Leben konnte sie ein Kalb sehen, ein Kalb lecken, ein Kalb umsorgen. Zum ersten Mal in ihrem Leben durfte sie Muttergefühle ausleben.

In den folgenden Monaten bauten Mattis und Gisela eine enge Beziehung auf. Gisela verbrachte wieder viel Zeit außerhalb des Stalls mit Mattis und Dina auf der Weide und kümmerte sich liebevoll um ihren Enkel. Ein Jahr später starb Gisela an den Folgen der langjährigen Qual und Ausbeutung. Die Trauer war vor allem bei Mattis spürbar, denn noch Tage danach suchte er die Weide nach Gisela ab. Die Geschichte um Dina, Mattis und Gisela verdeutlicht, dass Liebe nicht auf die Spezies Mensch beschränkt ist. Gisela zeigte uns, wie empfindungsfähig und liebevoll Kühe sind, wenn man sie nur leben lässt.

COUSCOUS-ZUCCHINI-PFANNE MIT GRÜNKERNBÄLLCHEN UND ROTEN DIPS

Couscous-Zucchini-Pfanne
250 g Zucchini
50 g getrocknete, in Öl eingelegte Tomaten
1 Knoblauchzehe
100 g Couscous
300 ml Wasser
½ TL Salz
½ TL Süßpaprikapulver

Grünkernbällchen
120 g Grünkernschrot
100 ml heiße Gemüsebrühe
1 Zwiebel
1 EL Senf
1 EL Hefeflocken
2 EL Kichererbsenmehl
je 1 Msp. Salz und Pfeffer
500 ml Bratöl
Kichererbsenmehl zum Mehlieren

Paprika-Dip
1 rote Paprika
1 Knoblauchzehe
1 TL Olivenöl
1 Orange
1 Msp. Orangensalz
1 Prise Pfeffer
2 EL Tomatenmark
2 EL gemahlene Mandeln

Rote-Bete-Dip
100 g Rote Bete (vorgekocht und geschält)
40 g Preiselbeeren
1 TL Balsamico-Essig

Garnierung und Beilage
150 g Salatgurke
2 EL Pistazien
einige Zweige krause Petersilie

> Grünkern ist halbreifer Dinkel: Um größeren Ernteverlusten während Schlechtwetterperioden zu entgehen, wurde Dinkel seit dem 17. Jahrhundert vor der vollen Reife geerntet und anschließend über Buchenholzfeuer getrocknet. Da die halbreifen Körner schmackhaft waren, wenn man sie mit Wasser aufkochte, gingen Bauern in der Folge dazu über, regelmäßig einen Teil des Dinkels in der sogenannten Teigreife zu ernten und einzulagern.

Grünkern mit kochender Gemüsebrühe übergießen und 20 Minuten quellen lassen.

Währenddessen die Dips vorbereiten: Paprika waschen, entkernen und in kleine Stücke schneiden. Knoblauch schälen und kleinschneiden. In einer kleinen Pfanne das Olivenöl erhitzen und Paprika und Knoblauch darin einige Minuten anbraten. Orange schälen und die Fruchtstücke pürieren. Paprika, Knoblauch, Orangensalz, Pfeffer, Tomatenmark und gemahlene Mandeln dazugeben und alles fein pürieren.
In eine Keramikschüssel füllen und im Backofen bei 50 °C warmhalten.

Rote Bete mit Preiselbeeren und Balsamico-Essig kurz erhitzen und pürieren. Ebenfalls im Backofen warm stellen.

Couscous mit Wasser in einen Topf geben, aufkochen lassen und 10 Minuten bei geringer Hitze köcheln lassen. Weitere 10 Minuten auf der ausgeschalteten Herdplatte ausquellen lassen. Zucchini waschen und in kleine Stücke schneiden. Getrocknete Tomaten ebenfalls klein schneiden. Knoblauch schälen und fein hacken. In einer Pfanne 1 EL vom Öl der eingelegten Tomaten erhitzen, Knoblauch, Zucchini- und Tomatenstücke darin anbraten. Couscous dazugeben und mit Paprikapulver und Salz würzen.

Zwiebel schälen und sehr fein hacken. Zusammen mit Kichererbsenmehl, Hefeflocken, Senf, Salz und Pfeffer zum gequollenen Grünkern geben und gut vermengen. Mit einem Eiskugellöffel oder mit den Händen feste Bällchen formen. Die Bällchen in Kichererbsenmehl wenden und ca. 3 Minuten frittieren. Zum Abtropfen auf einen Teller mit Küchenpapier geben und im Backofen warmhalten, bis alle Bällchen fertig sind. Salatgurke waschen und mit dem Spiralschneider zu Spiralen drehen. Pistazien schälen und hacken. Petersilie waschen und die Blätter abzupfen.

Couscous-Zucchini-Pfanne, Grünkernbällchen und Gurkenspiralen auf Teller verteilen und mit Pistazien und Petersilie dekorieren. Dazu die Dips servieren.

LUPINENGESCHNETZELTES MIT PAPRIKAREIS UND ZAZIKI

> Paprika ist ein wahres ACE-Wundergemüse: Schon eine halbe Schote deckt den Tagesbedarf an Vitamin C. Aus Beta-Carotin und etwas Fett zaubert der Körper Vitamin A und mit dem ebenfalls fettlöslichen Vitamin E fängt man erfolgreich freie Radikale.

200 g Lupinengeschnetzeltes
(Alberts)

Paprikareis
150 g Basmatireis
350 ml Wasser
1 gelbe Paprika
1 rote Paprika
einige Zweige Petersilie
75 ml Gemüsebrühe
½ TL Salz
1 EL Olivenöl

Zaziki
200 Sojajoghurt
(Abtropfgewicht ca. 150 g)
200 g Salatgurke
2 Knoblauchzehen
1 Prise Salz

Sojajoghurt in einen Kaffeefilter geben und 1 bis 2 Stunden abtropfen lassen. Den abgetropften Joghurt in eine Schale geben.

Knoblauch schälen und fein hacken. Gurke schälen, entkernen und raspeln. Geraspelte Gurke eventuell noch leicht mit der Hand auspressen. Knoblauch und Gurke in den Joghurt rühren und salzen. Der Zaziki schmeckt besonders intensiv, wenn er einige Stunden, am besten über Nacht, abgedeckt im Kühlschrank durchziehen kann.

Reis mit Wasser übergießen und aufkochen. Bei geringer Hitze in 15 bis 20 Minuten gar kochen.

Während der Reis kocht, Paprika waschen, entkernen und in kleine Stücke schneiden. Petersilie fein hacken. Zwiebel schälen und fein hacken. In einem Topf Olivenöl erhitzen und die gehackte Zwiebel darin glasig braten. Paprika hinzugeben und mit Gemüsebrühe ablöschen. Etwa 10 Minuten bei mittlerer Hitze garen. Paprika und Reis vermischen, salzen und die Petersilie unterheben.

Gleichzeitig mit der Paprika das Lupinengeschnetzelte zubereiten: Olivenöl in einer Pfanne erhitzen und das Geschnetzelte darin einige Minuten scharf anbraten.

DIE SCHWEINEFLÜSTERIN
ANNA SCHUBERT

DIE SCHWEINEFLÜSTERIN

Erst wenn jene einfache und über alle Zweifel erhabene Wahrheit, dass die Tiere in der Hauptsache und im Wesentlichen dasselbe sind wie wir, ins Volk gedrungen sein wird, werden die Tiere nicht mehr als rechtlose Wesen dastehen. – Arthur Schopenhauer

Nach dem Abitur hast du mehrere Monate als Praktikantin auf Hof Butenland gearbeitet und kommst seitdem regelmäßig wieder zu Besuch und zum Helfen. Wenn du nicht gerade den Hühnerstall der Butenländer auf Hochglanz bringst, studierst du in Berlin Agrarwissenschaften. Was lernt man da und was macht man später damit?

Man lernt am Anfang erst mal nur naturwissenschaftliche Grundlagen: Biologie, Mathe, Chemie. Danach geht es um Pflanzenproduktion und Tierproduktion. Bei der Tierproduktion geht es um alle Bereiche von der Züchtung über Haltung und die ganzen wirtschaftlichen Zusammenhänge, man braucht da viel BWL und VWL. Auch Qualitätsmanagement und Agrarmarketing gehören dazu, also die Vermarktung von Fleisch und anderen Tierprodukten. Viele Leute gehen damit in die Wirtschaft oder natürlich in die Agrarverwaltung, in die Politik oder in die Forschung. Viele Kommilitonen wollen auch in die Entwicklungshilfe. Ich persönlich wollte das erst mal aus Interesse studieren. Wenn man sich kritisch in dem Bereich bewegt, ist es einfach von Vorteil, wenn man das System kennt, über das man spricht. Wenn Leute versuchen, mir irgendwelchen Blödsinn zu erzählen, dann weiß ich eben auch, dass es Blödsinn ist. Die andere Motivation war, besonders seit ich Hof Butenland kenne, dass ich mir auch vorstellen kann, später selbst auf einem Lebenshof zu leben und zu arbeiten.

Was waren die eindrücklichsten Erlebnisse auf Hof Butenland für dich?

Hof Butenland macht die sinnvollste Tierrechtsarbeit, die ich bis jetzt kennengelernt habe. Nicht nur, dass es für die Tiere unglaublich toll ist, sondern dass es auch die Menschen so krass verändert. Man kann Menschen viel besser mit der Thematik konfrontieren und sie überzeugen, wenn man ihnen die positiven Seiten der Tierrechtsarbeit zeigt und nicht immer nur schlimme Bilder von geschlachteten Tieren. Es bewirkt viel mehr, wenn man zeigt, wie die Tiere sind, was für Persönlichkeiten sie haben, wie sie sich entwickeln. Das Schicksal von Gisela zum Beispiel hat so viele Herzen bewegt.

Wenn sie auf Hof Butenland ankommen, sind viele Tiere körperlich und psychisch total am Ende. Die Entwicklung, die man in der Zeit danach sehen kann, ist unglaublich; auch dass sie trotzdem noch so viel Vertrauen zu Menschen aufbauen können. Nach und nach habe ich auch die Herde kennengelernt. Am Anfang habe ich nur 30 Kühe gesehen, aber irgendwann waren es für mich wirklich Individuen. Ich kannte jede einzelne Kuh als Persönlichkeit. Sie sind alle verschieden. Das ist ja nicht anders als bei Menschen oder Haustieren.

Du scheinst ein Händchen für Tiere zu haben – andere Leute streicheln den Hund auf der Couch, du legst dich mit den Schweinen ins Stroh…

Stimmt! Wenn Else und Erna Mittagsschlaf machen, lege ich mich gerne dazu. Zu den beiden habe ich einen besonders starken Bezug, weil sie auf Hof Butenland angekommen sind, als ich auch dort war. Dadurch habe ich ihre ganze Entwicklung mitbekommen.

Schweine sind genauso liebebedürftig und kraulbedürftig wie Haustiere. Wenn Erna in Kuschellaune ist, dann schmeißt sie sich auf den Boden und versucht immer möglichst ihren Bauch ganz weit rauszustrecken, was schon schwierig für sie ist, denn sie kann sich ja nicht richtig auf den Rücken drehen. Sie macht dabei ganz entspannt die Augen zu und grunzt zufrieden. Sie macht das Gleiche, was Hunde machen, wenn man mit dem Kraulen aufhört: einen so mit der Schnauze anstupsen. Total niedlich! Diese unglaublich menschlichen Augen, die Schweine haben, finde ich auch total beeindruckend. Wenn sie einen so angucken, dann merkt man, dass es überhaupt keinen Unterschied macht, ob man mit einem Schwein im Stroh liegt oder mit einem Hund auf der Couch.

Was ist deine Lieblingsbeschäftigung auf Hof Butenland?

Eigentlich macht mir alles Spaß, weil es allein schon so ein schöner Ausgleich zum Stadtleben ist, sich mal richtig körperlich draußen an der frischen Luft zu betätigen. Das Schöne an der Arbeit ist, dass man die ganze Zeit die Tiere beobachten kann, wie sie ihren Alltag leben und lustige Sachen machen. Besonders hat mir die Heuernte gefallen. Jan hat mir gezeigt, wie man Trecker fährt und hat mich an einem Tag ein paar Runden mähen lassen. Trecker fahren ist absolut klasse! Neue Höhlen und Tunnel für die Kaninchen baue ich auch gerne; die brauchen viel Abwechslung und immer wieder was Neues zum Beknabbern und Beschnuppern, zum Verstecken und Drunterdurchkrabbeln. Es ist richtig entspannend, ihnen dabei dann zuzugucken. Die Morgen- und Abendspaziergänge mit den Hunden zu den Kühen sind immer wunderbar. Diese Momente, die man mit einigen der Rinder hat, die sehr zutraulich sind. Als ich das letzte Mal da war, habe ich viel mit Fiete gekuschelt. Ich fand es so beeindruckend, dass jemand, der aus so schlechten Verhältnissen kommt, der so einen echt beschissenen Start hatte, so unglaublich vertrauensselig ist. Wie er sich dann hinlegt und man ihn überall kraulen und sich richtig an ihn anschmiegen kann, während er die ganze Zeit so Wohlfühl-Grunzgeräusche macht: Das sind die Momente, die man nicht mehr vergessen kann.

KÜRBIS- UND KARTOFFELSPALTEN MIT RATATOUILLE-RELISH UND ERBSEN-KOKOS-CREME

Kürbis- und Kartoffelspalten
500 g Kartoffeln (festkochend)
150 g Hokkaidokürbis
2 EL Olivenöl
1 TL frische Rosmarinnadeln (gehackt)
½ TL Süßpaprikapulver
je 1 Prise Salz und Pfeffer

Ratatouille-Relish
1 Aubergine
1 Zucchini
1 Paprika
400 g Tomaten
100 g rote Zwiebeln
1 Knoblauchzehe
1 rote Chilischote
2 EL frische Rosmarinnadeln
2 EL Zitronenblätter (Kaffirlimettenblätter)
2 EL frischer Thymian
2 EL Olivenöl
1 EL Agavendicksaft
70 ml Mango- oder milden Fruchtessig
je 1 Prise Salz und Pfeffer

Erbsen-Kokos-Creme
150 g TK-Erbsen
3 EL Kokoscreme
je 1 Prise Koriander, Muskat, Salz, Pfeffer
4 EL Kokosflocken zum Bestreuen

Ratatouille-Relish (1 Tag vorher zubereiten): Aubergine in Würfel schneiden, Zucchini und Paprika halbieren, entkernen und ebenfalls würfeln. Zwiebeln schälen und grob hacken, Knoblauch schälen und zerdrücken. Chilischote putzen, entkernen und fein hacken. Thymian und Rosmarin fein hacken.
In einem Topf Olivenöl erhitzen und Zwiebeln darin andünsten, restliche Zutaten dazugeben und einige Minuten braten. Tomaten waschen, in Stücke schneiden und zusammen mit dem Fruchtessig zum Gemüse geben.

Bei geringer Hitze ca. 30 Minuten köcheln lassen, bis das Relish fest wird, gelegentlich umrühren, um ein Ansetzen zu verhindern.
Am Ende der Garzeit Salz und Pfeffer dazugeben und Agavendicksaft einrühren. Das Relish sollte mindestens 12 Stunden durchziehen.

Für die Erbsen-Kokos-Creme die Erbsen erhitzen, etwas abkühlen lassen und fein pürieren, Kokoscreme unterrühren, mit Gewürzen abschmecken und ggf. nochmals kurz pürieren oder aufschlagen.

Für die Kürbis- und Kartoffelspalten die Kartoffeln schälen, waschen und in ca. 1 cm breite und ca. 4 bis 6 cm lange Spalten schneiden. Kürbis waschen, aufschneiden und entkernen, ebenfalls in schmale Spalten schneiden.
In einer Schüssel Olivenöl und Gewürze mischen, Kartoffel- und Kürbisspalten dazugeben und gut durchmischen.
Auf ein mit Backpapier ausgelegtes Backblech geben und im vorgeheizten Backofen auf der mittleren Schiene bei 220 °C ca. 25 Minuten backen. Nach der Hälfte der Backzeit wenden.

Gemüsespalten auf Schälchen verteilen, Ratatouille-Relish und Erbsen-Kokos-Creme in kleine Gläser füllen und zusammen servieren.

Je orangefarbiger das Fruchtfleisch des Kürbisses ist, desto mehr Beta-Carotin enthält er. Diese Vorstufe des Vitamin A schützt vor freien Radikalen.

Wer einen eigenen Garten hat, kann die Kerne sammeln und trocknen, Kürbis gedeiht ohne viel Zutun wunderbar auf dem Kompost.

BANDNUDELN MIT GEMÜSESTIFTEN UND ERDNUSS-SAUCE

Bandnudeln mit
Gemüsestiften
220 g Pappardelle
(breite Bandnudeln)
2 Knoblauchzehen
200 g Zucchini
200 g Paprika
200 g Möhren
200 g Staudensellerie
2 EL Olivenöl

Erdnuss-Sauce
150 ml heißes Wasser
½ TL Gemüsebrühepulver
2 EL Erdnussmus
1 TL Agavendicksaft
1 Prise Pfeffer
1 Msp. Orangensalz
einige Zweige frische Petersilie
30 g gehackte Pistazien
30 g Erdnüsse
(geröstet und gesalzen)
gehackte Pistazien zum Bestreuen

Knoblauch schälen und fein hacken. Gemüse waschen. Zucchini, Paprika und Möhren stifteln, Staudensellerie in ca. 1 cm breite Stücke schneiden. In einem weiten Topf Wasser zum Kochen bringen und die Nudeln hineingeben. Nach Packungsanweisung kochen.

Olivenöl in einer Pfanne erhitzen und die Möhrenstifte etwa eine Minute darin anbraten. Knoblauch hinzugeben, nach und nach das übrige Gemüse dazugeben und alles 4 bis 5 Minuten bei mittlerer Hitze braten.

Gemüsebrühepulver und Erdnussmus in das heiße Wasser einrühren, bis sich alles verbunden hat. Mit Agavendicksaft, Pfeffer und Orangensalz abschmecken.

Nach der Kochzeit das Nudelwasser abgießen, Nudeln auf Teller verteilen, Gemüsestifte darübergeben und mit Soße begießen. Mit Petersilie, Pistazien und Erdnüssen garnieren.

> Das in Erdnüssen enthaltene Tryptophan sorgt für einen guten Schlaf und die enthaltene Linolsäure ist gut für das Herz. Außerdem sind Erdnüsse reich an Vitamin B1, Niacin und Folsäure.

KARTOFFELSPAGHETTI MIT GEFÜLLTEN CHAMPIGNONS UND TOMATEN

Kartoffelspaghetti
250 g Kartoffeln
1 EL Olivenöl

Gefüllte Champignons
und Tomaten
8 große Champignons
(ca. 200 g)
2 Fleischtomaten
1 EL Olivenöl
2 EL Tomatenmark
1 EL dunkles Mandelmus
2 EL gemahlene Haselnusskerne
2 EL Haselnusskerne
(geröstet und gehackt)
2 EL Hefeflocken
2 EL Oregano (getrocknet)
2 Msp. Salz
1 Prise Pfeffer

Topping
1 EL Haselnusskerne
(geröstet und gehackt)
1 EL Pistazien
einige Blätter glatte
Petersilie

Kartoffeln schälen und mit dem Spiralschneider in dünne Spaghetti drehen. In eine Schale geben, mit Olivenöl beträufeln und salzen. Champignons waschen, putzen und die Stiele entfernen. Tomaten waschen und mit einem scharfen Messer am Stielansatz kreisrund einschneiden und aushöhlen.

Backofen auf 180 °C Ober- und Unterhitze vorheizen.

Das entnommene Fruchtfleisch der Tomaten mit Tomatenmark, Mandelmus, gemahlenen Haselnusskernen, 1 Esslöffel Hefeflocken, 1 Esslöffel Oregano, 1 Messerspitze Salz und Pfeffer pürieren. Gehackte Haselnusskerne unterrühren. Die Champignons damit füllen und auf ein mit Backpapier ausgelegtes Backblech setzen.

Champignonstiele kurz in Olivenöl anbraten und mit 1 Esslöffel Oregano, 1 Esslöffel Hefeflocken und 1 Messerspitze Salz vermengen. Die Tomaten damit füllen und auf das Backblech setzen.

Die Kartoffelspaghetti ebenfalls auf dem Backblech verteilen und alles ca. 15 Minuten backen. Die Kartoffelspaghetti zwischendurch wenden.

Aus dem Ofen nehmen, auf Tellern anrichten und mit gehackter Petersilie, gehackten Haselnusskernen und Pistazien bestreuen.

> Champignons sind kalorien-arm, enthalten ebenso viel Eiweiß wie Kuhmilch und weisen viele essentielle Aminosäuren auf. Die Kulturgeschichte dieses Speisepilzes geht bis auf das Mittelalter zurück:
> An den europäischen adligen Höfen wurden sie als erlesene Delikatesse konsumiert. Auf dem Speiseplan der breiteren Bevölkerung erschienen sie erst Anfang des 20. Jahrhunderts, nachdem sie zuvor in dunklen Kellern und Gewölben gezüchtet worden waren. Inzwischen werden sie ganzjährig in Spezialbetrieben mit Klimasteuerung und auf pasteurisierten Nährböden angebaut.
>
> Der Champignon kann leicht mit dem extrem toxischen weißen Knollenblätterpilz verwechselt werden, deshalb sollte man selbst gesammelte Pilze immer von einer/einem Pilzsachverständigen prüfen lassen.

ROTE-BETE-KARTOFFEL-SUPPE MIT BUNTEM SALAT

Rote-Bete-Kartoffel-Suppe
400 g Rote Bete
400 g Kartoffeln
400 ml heißes Wasser
1 ½ TL Salz
1 EL Balsamico-Essig
1 Prise Pfeffer
50 g geriebener Meerrettich
Saft einer Orange

Bunter Salat
50 g Kopfsalat
1 Paprika
1 Möhre
3 EL Mais (aus dem Glas)
100 g Salatgurke
½ Bund Radieschen
100 g Räuchertofu
1 EL Bratöl
50 g Walnusskerne

Orangen-Joghurt-Dressing
Schale einer Orange
1 Knoblauchzehe
3 EL Sojajoghurt
1 Prise Salz
1 Prise Pfeffer

Rote Bete und Kartoffeln in einem weiten Topf mit Wasser bedecken und zum Kochen bringen. Bei mittlerer Temperatur 20 Minuten kochen. Während der Kochzeit den Salat vorbereiten: Kopfsalat, Paprika, Möhre, Radieschen und Gurke waschen und abtrocknen. Kopfsalat in Stücke zupfen, Möhre und Paprika stifteln, Gurke mit dem Spiralschneider in Spaghettiform bringen. Radieschen ebenfalls mit dem Spiralschneider zu dünnen Spiralen drehen.

Räuchertofu würfeln und in einer Pfanne mit Bratöl scharf anbraten. Walnusskerne mit den Fingern in kleine Stücke brechen und kurz mit anrösten. Beiseitestellen und kurz vor dem Servieren über den Salat geben. Die Kartoffeln aus dem Kochwasser nehmen, pellen und in Würfel schneiden. Die Rote Bete je nach Größe weitere 10 bis 20 Minuten garen.

Während die Rote Bete weiterkocht, das Dressing herstellen: Knoblauch schälen und fein hacken. Orangenschale abreiben und die Orange auspressen, Saft beiseitestellen. Fruchtfleisch, Schale, Knoblauch und Sojajoghurt fein pürieren, mit Salz und Pfeffer würzen.

Testen, ob die Rote Bete gar ist: Mit einem Teelöffel gegen die Schale drücken – wenn die Bete leicht nachgibt, ist sie gar. Kochwasser abgießen und die Rote Bete mit kaltem Wasser abschrecken, schälen und ebenfalls würfeln. Zusammen mit den Kartoffelwürfeln, Orangensaft und Wasser pürieren.

Mit Salz, Pfeffer und Balsamico-Essig abschmecken und mit geriebenem Meerrettich servieren. Die Suppe zusammen mit dem Salat servieren.

> Glücklich mit Roter Bete: Die in der erdigen Wurzelrübe reichlich vorhandene Folsäure unterstützt die Produktion von Dopamin und Noradrenalin und sorgt so für gute Stimmung. Nebenbei sorgt Folsäure zusammen mit Silizium für Entgiftung und Zellvitalität – statt sich Q10 in Form von Creme in Gesicht und Dekolleté zu pinseln oder mystische Jungbrunnen zu suchen und am Ende reinzufallen, kann man sich auch einfach ab und zu ein Glas Rote-Bete-Saft einverleiben.

GEMÜSESPIEßE MIT GEFÜLLTER PAPRIKA UND BOHNEN- UND GURKENSALAT

Gemüsespieße
200 g Champignons
200 g Zucchini
1 Paprika
2 EL Olivenöl

Gefüllte Paprika
1 Paprika
60 g Quinoa
125 ml Gemüsebrühe
1 TL Olivenöl

Bohnensalat
150 g Cannellini-Bohnen (vorgekocht)
50 g passierte Tomaten
½ Bund krause Petersilie
1 Knoblauchzehe
1 TL Zitronensaft
2 EL Olivenöl
1 EL Rotweinessig
1 Msp. Salz
1 Prise Pfeffer

Gurkensalat
150 g Salatgurke
1 EL helles Mandelmus
2 EL Wasser
1 TL Apfelessig
1 TL Senf
1 TL Zitronensaft
1 EL Sonnenblumenöl
2 EL gehackte Pistazien
je 1 Prise Salz und Pfeffer

> Bohnen sind wie alle Hülsenfrüchte reich an Eiweiß und Ballaststoffen. Letztere sind unverdauliche Nahrungsbestandteile und entgegen ihres eher negativ konnotierten Namens wichtig für eine gute Verdauung.
> Außerdem helfen Ballaststoffe Gift- und Fettstoffe zu binden und auszuscheiden.
> Bohnen enthalten zudem Eisen, Kalzium, Kalium, Vitamin C und einige B-Vitamine. Für den Verzehr ist es wichtig, dass sie mindestens 10 Minuten gekocht werden, damit der Giftstoff Phasin zerstört wird.

Paprika waschen, halbieren und entkernen. Quinoa in einen Topf geben, mit Gemüsebrühe übergießen, aufkochen lassen und bei mittlerer Temperatur 20 Minuten köcheln lassen.

Backofen auf 220 °C vorheizen.

Champignons waschen, abtrocknen und die Stiele entfernen. Paprika waschen und in Stücke schneiden. Zucchini waschen und in 2 cm breite Scheiben schneiden. Im Wechsel auf Spieße stecken. Mit einem Backpinsel Olivenöl darauf verstreichen.

Herdplatte ausschalten und Quinoa 5 Minuten ausquellen lassen. Die Paprikahälften damit füllen und die Außenränder der Paprika mit Olivenöl bepinseln.

Gemüsespieße und gefüllte Paprika auf einem eingefetteten Backblech auf mittlerer Schiene ca. 15 Minuten grillen.

Währenddessen die Salate zubereiten: Bohnen in ein Sieb geben, abspülen und abtropfen lassen. Petersilie grob hacken. Knoblauch schälen und fein hacken. Bohnen, Knoblauch und Zitronensaft in eine Schüssel geben und vermengen.
Olivenöl, Essig, Petersilie und passierte Tomaten dazugeben, gut durchrühren und mit Salz und Pfeffer abschmecken.

Die Gurke mit dem Spiralschneider zu Ringen drehen. Die übrigen Zutaten in einen Rührbecher geben, cremig rühren und über die Gurkenscheiben gießen. Mit gehackten Pistazien bestreuen.

Gemüsespieße und Paprika auf Tellern anrichten, die Salate auf Schälchen verteilen und dazu servieren.

WENN ES WINTER WIRD AUF HOF BUTENLAND, SCHÜTZT EIN DICKES FELL VOR MINUSGRADEN

In der dunklen Jahreszeit sieht man vom königlichen Hofschwein Lui nicht viel. Lautstark verlangt er zwar um Punkt elf Uhr nach Frühstück und knufft einem schon mal kräftig mit seinem rosa Rüssel in die Kniekehle, wenn es eine Minute zu spät serviert wird.
Aber nach einem kurzen Blick in die Runde und einem langgezogenen Mäkelgrunzer über das trübe Wetter verzieht er sich alsbald wieder in sein Refugium und türmt sein Strohbett neu auf. Prinz Lui spürt nämlich schon nachmittags die kommende Nachttemperatur und gestaltet dementsprechend hoch sein königliches Lager.
An besonderen Festtagen stattet er sein Bett zusätzlich mit einigen Lagen Plastikfolie aus. Das wärmt noch mal extra und sieht schweinisch gut aus!
Den alten Grummelkeiler Rudi lässt so was völlig kalt. Er will einfach nur in Ruhe gelassen werden und versteht nicht, was der Drama-Prinz für ein Getue veranstaltet. Mitunter kommt es dann auch zu Meinungsverschiedenheiten in der Schweinehütte und man wählt für ein paar Nächte getrennte Schlafzimmer, bis sich die Gemüter wieder beruhigt haben.

Und dann gibt es da ja noch diese kleine rosa-schwarz gefleckte Nervensäge, die zwar aussieht wie ein Schwein, sich aber für eine Miniaturkuh hält.
Hier sind Lui und Rudi sich ausnahmsweise mal einig: Rosa-Mariechens Babysitter kann gern jemand anders spielen. Das hat sie selbst auch schon kapiert und sich schnell mit den Kühen und Ochsen angefreundet.
Wenn Pietje nicht gerade Fahrräder zerlegt (sie ist eine gebürtige Holländerin), hat sie Tipps in Sachen „Schöner Muhen" für Rosa-Mariechen parat und bei der gelassenen Dina gibt es einen speziesübergreifenden Anfängerkurs „Wiederkäuen – alles, was du wissen musst".

Ein besonderer Spaß für die Rinder beginnt, wenn der erste Schnee auf Hof Butenland fällt. Dann sieht man allüberall Schneekühe mit weißen Gesichts- oder auch Ganzkörpermasken, für das Extra an Feuchtigkeit. Das macht müde Kühe munter, regt die Durchblutung an und sieht zudem verdammt kuhl aus. Während andere Rinder den gesamten Winter im Stall verbringen müssen, genießen es unsere Kühe und Ochsen, auch in der kalten Jahreszeit an die frische Luft zu kommen, denn Kälte macht Rindern weniger aus als Hitze. Sie haben jetzt ein dichtes Winterfell. Wird es doch zu frostig, kuschelt man sich gemütlich im dick mit Stroh eingestreuten Stall zusammen und lässt gemeinsam bei einer Portion Heu die Abenteuer des Tages Revue passieren.

Für die Menschen auf Hof Butenland ist der Winter jedoch die härteste Jahreszeit. Da es nur wenige Stunden hell ist, müssen alle Tätigkeiten, die draußen anfallen, schneller erledigt werden, man gönnt sich weniger Pausen und auch die Kälte treibt einen dazu, nicht lange rumzupuzzeln. Gerade wenn es überall matschig von Schnee und Regen ist, ist eine tägliche Runde mit dem Trecker über die Wege angesagt, damit die Rinder, von denen viele Gelenkprobleme haben, nicht ausrutschen. Das Ausmisten ist im Winter oft besonders beschwerlich und damit der Mist abtransportiert werden kann, braucht es Frost. Versucht man das bei Tauwetter, versackt man schnell mit Trecker und Hänger im Boden. Wer noch dem Traum von der ländlichen Idylle anhängt, wird spätestens dann eines Besseren belehrt. Wir freuen uns jedenfalls jetzt schon wieder auf den Frühling!

ORANGENRÖLLCHEN MIT RUCOLA-ORGANGEN-SALAT

Auberginenröllchen
2 Auberginen
Olivenöl
100 g Hirse
300 ml Wasser
1 Prise Pfeffer
1 Msp. Koriander
1 Msp. Kreuzkümmel

Rucola-Orangen-Salat
50 g Rucola
250 g Möhren
200 ml warmes Wasser
1 Orange
40 g Mandelstifte
20 g Gomasio
120 g Räuchertofu
Bratöl

Orangen-Vinaigrette
100 ml Orangensaft
2 EL Olivenöl
1 EL Agavendicksaft
je 1 Prise Salz, Pfeffer, Muskat

Hirse und Wasser in einen Topf geben und aufkochen lassen. Unter gelegentlichem Rühren 5 Minuten köcheln lassen. Herdplatte ausschalten und 15 Minuten ausquellen lassen.

Währenddessen Auberginen waschen, abtrocknen und in ca. 1,5 cm dicke Längsstreifen schneiden. Mit reichlich Öl in der Pfanne braten und häufig wenden, bis sie weich sind. Unter lauwarmem Wasser abspülen, auf Küchenpapier legen und abtupfen, auf Tellern im Backofen bei 50 °C warmhalten.

Für den Salat die Orange schälen und in Spalten schneiden. Rucola waschen und trocknen. Möhren längs vierteln und in ca. 4 cm lange Stifte schneiden. Öl in einem Topf erhitzen und die Möhren darin kurz anbraten. Mit Wasser ablöschen, weitere 2 bis 3 Minuten köcheln lassen, abschrecken und in ein Sieb geben.

Räuchertofu in kleine Würfel schneiden. Mandelstifte und Sesam ohne Fett in einer Pfanne vorsichtig goldbraun rösten, häufig wenden, nicht zu dunkel werden lassen. Auf einen Teller geben und abkühlen lassen. Öl in die Pfanne geben und Räuchertofuwürfel darin scharf anbraten.

> Orangen gehören zu den Spitzenreitern in Sachen Vitamin-C-Gehalt. Die weiße Haut sollte nur grob entfernt werden, denn sie enthält Flavonoide, die die Wirkung des enthaltenen Vitamin C verstärken und freie Radikale binden können. Gleiches gilt für Mandarinen und Clementinen.

Für die Orangen-Vinaigrette Orangensaft in einen kleinen Topf geben, unter Rühren kurz aufkochen und vom Herd nehmen. In einer Schüssel mit Salz und Pfeffer verrühren, unter Rühren langsam Olivenöl zugießen und mit Agavendicksaft abschmecken.

Gequollene Hirse mit Pfeffer, Koriander und Kreuzkümmel würzen. Esslöffelgroße Portionen Hirse kneten, länglich formen und in die Auberginenstreifen einrollen. Mit einem Eiskugellöffel die übrige Hirse zu Bällchen formen.

Rucola, Orangenstücke, Tofuwürfel und Möhrenstifte auf Teller verteilen und das Ganze mit Sesam und Mandelstiften bestreuen. Die Vinaigrette dazu reichen. Zusammen mit den Auberginenröllchen servieren.

SÜSSKARTOFFELWÜRFEL MIT SELLERIE-STICKS UND KÜRBISKERN-AVOCADO-CREME

Süßkartoffelwürfel
600 g Süßkartoffeln
2 EL Olivenöl
6 Stiele Thymian
(oder 1 TL getrocknet)
je 1 Prise Salz und Pfeffer
1 EL Agavendicksaft
(optional)

Sellerie-Sticks
300 g Knollensellerie
60 g Weizenmehl Type 405
80 ml Hafermilch
1 TL Currypulver
1 Msp. Salz
3 EL Sesamkörner
Bratöl

Kürbiskern-Avocado-Creme
100 g Kürbiskerne + 1 EL Kerne zum Dekorieren
1 Avocado (200 g)
1 Orange
3 TL Limettensaft
1 EL Kürbiskernöl
1 EL frischer Koriander
(oder 1 Prise Korianderpulver)
1 Msp. Sambal Oelek
je 1 Prise Salz und Pfeffer

Backofen auf 180 °C vorheizen. Süßkartoffeln waschen und in ca. 3 cm große Würfel schneiden. Thymiannadeln von den Stielen entfernen und zusammen mit Öl, Salz und Pfeffer in einer Schüssel mischen und die Süßkartoffelwürfel dazugeben. Wer es besonders süß mag, gibt noch Agavendicksaft dazu. Auf einem mit Backpapier ausgelegten Backblech bei Ober- und Unterhitze ca. 20 Minuten backen.

Während die Süßkartoffeln backen, die Kürbiskern-Avocado-Creme zubereiten: Kürbiskerne mit dem Pürierstab oder in der Mühle fein mahlen, Avocado entkernen und auslöffeln. Orange schälen und die Limette auspressen. Mit den restlichen Zutaten zu den gemahlenen Kürbiskernen geben und mit dem Pürierstab oder im Mixer cremig mixen.

Für die Sellerie-Sticks den Sellerie halbieren, vierteln und schälen. In ca. 1, 5 cm dicke Streifen schneiden. In einem tiefen Teller Mehl, Currypulver und Salz mit Hafermilch zu einem dicken Brei verrühren. Einen zweiten Teller mit den Sesamkörnern füllen. Die Selleriestücke zuerst in der Mehlpanade, anschließend in Sesam wenden und in der heißen Pfanne von jeder Seite ca. 2 Minuten braten.

Süßkartoffelwürfel und Sellerie-Sticks mit der Kürbiskern-Avocado-Creme servieren.

Die Süßkartoffel ist nicht mit unseren heimischen Kartoffeln verwandt, sondern gehört zu den Windengewächsen. Wie die Kartoffel wächst auch die Süßkartoffel unter der Erde und war früher als Arme-Leute-Essen bekannt. Ihr wurde allerdings bald eine aphrodisierende und potenzsteigernde Wirkung nachgesagt und so stieg auch unter der begüterten Bevölkerung der Verzehr der Knolle an. Nachgewiesen ist, dass sie den Blutzucker- und Cholesterinspiegel senken kann. Lagern sollte man sie nicht im Kühlschrank, sondern bei Raumtemperatur.

FIETE ENTDECKT
SEINE FREIHEIT

KÄMPFEN FÜR DIE FREIHEIT

Ich bin nur ein einzelner Mensch, aber ich bin ein Mensch. Ich kann nicht alles tun, aber ich kann etwas tun und ich werde mich nicht weigern, etwas zu tun, nur weil ich nicht alles tun kann. – Edward E. Hale

Bedächtig rupft Fiete Grashalme aus dem Boden. Die hellen Sonnenstrahlen bringen ihn zum Blinzeln. Der Kleine kaut kurz. Dann spuckt er die Halme aus und entscheidet sich, die darunterliegende Erde zu essen. Sattes Grün und Sonne kennt Fiete nicht. Doch der erdige Dreck, den er unter dem Gras findet, ist ihm vertraut. Noch kann er nicht fassen, dass sein Leben nun erst richtig beginnt.

Fiete wurde in einem Stall geboren, in den kein Sonnenlicht drang und wo sich der Mist türmte. Seine Mutter war, wie die anderen Rinder dort, an einen Balken gekettet. Nach seiner Geburt fand Fiete sich allein in einem kleinen Verschlag wieder. Fünf Monate harrte er dort aus. Bis das Veterinäramt auf dem Hof auftaucht. Eine Kuh wirkt besonders schwach. Das Amt entscheidet, sie noch an Ort und Stelle einzuschläfern. Fietes Mama. Die beiden Brüder, denen das Anwesen gehört, lassen die Arbeit auf dem Hof seit dem Tod der Eltern schleifen.

Das Team der Vox-Sendung „hundkatzemaus" beschließt, darüber zu berichten. Als Experten laden sie Jan Gerdes von Hof Butenland ein. Sein Blick fällt auf eine schwarzbunte Kuh mit sanftem Blick. „Das ist unsere Banana. Die heißt so, weil sie so gern Bananen frisst", erklärt einer der Bauern. Seit fünf Jahren ist sie dort angekettet. Was passiert, wenn die Bauern die Auflagen des Veterinäramtes nicht umsetzen? „Alle zum Schlachter!", erklären die Brüder. Unter den gegebenen Bedingungen erscheint es ihnen unmöglich, die Auflagen zu erfüllen.

Das Kalb kann auf Hof Butenland unterkommen, verspricht Jan dem Moderator. Doch mehr Plätze gibt es auf Butenland eigentlich nicht. „Muuuh", sagt Banana. Geduldig lässt sie sich über ihr Fell streicheln. „Na denn", beschließt Jan, „soll Banana auch eine Chance bekommen."

Auf dem Schutzhof von Freunden der Butenländer finden sich noch Plätze für zwei weitere der zwölf Rinder. Doch die Situation bleibt verzwickt. Wochen später wendet sich das Butenland-Team über das soziale Netzwerk Facebook an die Öffentlichkeit. Die Brüder haben mit einem Händler die Abholung zur Schlachtung vereinbart, weil sie nervlich am Ende sind. Es ist unkomplizierter die Tiere schlachten zu lassen, als die bürokratischen Hürden für einen Wechsel in einen anderen Bestand zu bewältigen.

Das Veterinäramt blockiert jegliche Information. Kurzerhand formiert sich die Gruppe Rinder Rettung Syke, die das nicht hinnehmen will. Kuhfreundin Anja Dötsch initiiert einen Spendenaufruf über die Online-Plattform Helpedia, um den Schlachtpreis überbieten zu können. Die Unterstützung ist gewaltig. Mit Hilfe der Gruppenmitglieder verbreitet sich der Hilferuf wie ein Lauffeuer. In einer Woche ist Schlachttermin. Doch wenigstens die vier Rinder, für die es Plätze gibt, wollen wir retten. Das unaufhaltsam steigende Spendenbarometer schürt sogar die Hoffnung auf Rettung des ganzen Bestands. Tatsächlich finden wir noch acht weitere Plätze.

Mehr als 13.000 Euro kommen zusammen. Einen Tag vor Ablauf der Frist fahren Karin Mück und Jan Gerdes nach Syke, um noch einmal mit den Brüdern zu verhandeln. Die Bauern sind bereit, Banana und das Kalb freizugeben. Für die anderen ist der Abtransport zum Schlachter allerdings beschlossen. Karin streicht zwei Rindern übers Fell. „So liebe Kühe", seufzt sie. „Na denn", brummt einer der Brüder, „sollt ihr die zwei auch noch haben." Noch in der Nacht karrt der Händler die anderen zum Schlachter. Ein Drama für alle, die gezittert haben. Nach zähem Tauziehen mit den Behörden dürfen erst Fiete, dann auch Banana endlich auf Hof Butenland einziehen. Die Freudensprünge der beiden entschädigen für allen Aufwand. Banana blüht zusehends auf. Doch die langjährigen Haltungs- und Fütterungsmängel haben Spuren hinterlassen: Ihre Knochen sind brüchig, Muskeln und Gewebe schwach. Drei Monate nach ihrer Rettung bricht ihr Becken. Keiner kann noch etwas für sie tun. Banana legt ihren Kopf in meine Arme und leckt mir über die Hand, als wolle sie mich trösten, bevor sie für immer einschläft.

Dann stellt sich überraschend heraus, dass wir doch noch ein Tier mehr retten konnten als gedacht. Syke-Kuh Klara, die gemeinsam mit Stallgefährtin Gretchen auf dem Hof der Butenland-Freunde untergekommen ist, bringt ein Kälbchen zur Welt. Die kleine Gaia Gisela genießt vom ersten Tag an, was den anderen so lange verwehrt war. Und auch Fiete holt seinen Entwicklungsrückstand langsam auf. Inzwischen knabbert er genussvoll frisches Gras. Es lohnt sich immer zu kämpfen.

Julya Dünzl, 1981 in Frankfurt am Main geboren, studierte dort Germanistik, Psychologie und Soziologie. Als freie Journalistin schreibt sie seit mehreren Jahren für die Frankfurter Neue Presse. Durch Hof Butenland fand sie 2011 zum Veganismus und engagiert sich seitdem für Tierrechte.

SCHOKO-KAFFEE-TORTE

für eine 26 cm-Springform

Boden
460 g Weizenmehl Type 550
120 g Zucker
450 ml Mineralwasser
80 ml Bratöl
1 Pck. Backpulver
1 Msp. Vanillepulver
1 EL Kakao (schwach entölt)

Kaffeecreme
600 ml Kokossahne (Soyatoo)
1 Prise Salz
1 TL Vanillepulver
1 Pck. Sahnesteif
200 ml Espresso
2 TL Zucker
½ TL Kakao (schwach entölt)

Topping
½ TL Kakao (schwach entölt)
1 TL Puderzucker
2 EL Zartbitterschokodrops

Die Kokossahne für eine Stunde in den Kühlschrank stellen. Für den Boden alle Zutaten bis auf den Kakao vermengen, den Teig in zwei gleich große Hälften teilen. Eine Hälfte in eine mit Backpapier ausgelegte Springform geben und bei 180 °C ca. 30 Minuten bei Ober- und Unterhitze backen.

Kakao mit der zweiten Teighälfte gut vermengen. Entweder in eine zweite Springform geben oder warten, bis die erste Hälfte fertig gebacken ist und diese Form erneut verwenden. Den dunklen Teig ebenfalls 30 Minuten backen. Beide Teighälften einige Minuten abkühlen lassen und vorsichtig aus der Form lösen. Auf flache Teller geben und komplett abkühlen lassen.

Für die Kaffeecreme die Kokossahne mit dem Handrührgerät auf höchster Stufe kräftig aufschlagen. Vanille und Sahnesteif hinzugeben, nochmals aufschlagen und in den Kühlschrank stellen.

Espresso kochen, mit Zucker und Kakao verrühren und abkühlen lassen. Sahne mit 100 ml des Espresso verrühren. Den hellen Boden mit den restlichen 100 ml Espresso tränken und etwa ein Drittel der Sahne darauf verteilen. Den dunklen Boden vorsichtig darauflegen und die übrige Sahne darauf und an den Seiten verstreichen. Kakao und Puderzucker zum Bestäuben miteinander vermischen, die Zartbitterschokodrops dazugeben und mit einem Teelöffel auf die Torte streuen.

Die Torte schmeckt am besten, wenn man sie vor dem Servieren einige Stunden im Kühlschrank durchziehen lässt.

Seinen botanischen Namen hat der Kakaobaum im 18. Jahrhundert von dem schwedischen Naturwissenschaftler Carl von Linné erhalten: „Theobroma cacao" bedeutet Speise der Götter.

Eine enorme Wertschätzung erfuhr die unscheinbare Bohne schon durch die Azteken, bei denen Kakaobohnen als Zahlungsmittel benutzt wurden. Die Schatzkammer des Aztekenkaisers Montezuma II. enthielt über 9000 Tonnen davon, als Hernán Cortés und seine Konquistadoren die aztekische Hauptstadt erreichten.

Nicht nur damals, auch heute noch wird der Großteil des Kakaos unter menschenunwürdigen Bedingungen und häufig mit Hilfe von Kindersklaven produziert. Wer beim Kauf auf das Fairtrade-Siegel achtet, kann sich immerhin besseren Gewissens am Stimmungsaufheller Kakao erfreuen.

PASCAL STREB
MIT GANTER HOPE

TRAUMJOB MIT WAHREN MÄNNERFREUNDSCHAFTEN

Tiere sind meine Freunde, und meine Freunde esse ich nicht! – George Bernhard Shaw

Du bist der erste Auszubildende auf Hof Butenland. Wie kam es dazu und gab es ein besonderes Erlebnis, das dich für das Leid der sogenannten Nutztiere sensibilisiert hat?
Ich bin mit Haustieren aufgewachsen und im Alter von zehn, elf Jahren habe ich die Verbindung zwischen den Tieren auf dem Teller und meinen Haustieren gezogen. Ich habe mir vorgestellt, wie es wäre, wenn da mein Haustier vor mir auf dem Teller liegen würde – das würde ich ja niemals essen – also warum esse ich andere Tiere? So wurde ich Vegetarier, und später kam dann der konsequente Schritt zum Veganismus.
Hof Butenland habe ich auf dem Veggie Street Day in Dortmund kennengelernt. Ich wollte die Zeit bis zum Studium sinnvoll nutzen und habe mich nach einem Praktikumsplatz umgeschaut. Bei Karin und Jan wurde dann eine Praktikumsstelle frei. Das einjährige Praktikum hat mir so viel Spaß gemacht, dass ich nicht mehr studieren wollte, und dann hat sich die Möglichkeit ergeben, eine Ausbildung auf dem Hof zu machen.

Mit den beiden Ochsen Mattis und Samuell verbindet dich ja eine wahre Männerfreundschaft…
Auf jeden Fall! Gerade Mattis, ihn kenne ich von klein auf, er ist ein echter Kumpel. Er kennt mich, das merkt man, wenn er auf mich zukommt und mir übers Gesicht leckt. Mittlerweile ist er ja richtig in der Pubertät und muckt ein bisschen auf, aber das gehört eben auch dazu.
Als er geboren wurde, war ich selbst gerade in einer Phase, in der es mir nicht gut ging. Ich hatte den Blick für das Negative und ich konnte mich gar nicht richtig darüber freuen, dass er jetzt da war. Es war schon schön, so eine Geburt mitzuerleben, aber die Freude über unseren Familienzuwachs kam erst später, als ich mich häufig zu ihm gesetzt habe und in ihm jemanden hatte, der mir einfach durch seine Anwesenheit über diese schlechte Zeit hinweggeholfen hat. So ein Kalb ist ja trotzdem groß, an das kann man sich auch anlehnen und wir haben viel gekuschelt – das tat uns beiden richtig gut. Deswegen ist unsere Beziehung auch immer noch ziemlich eng. Das ist etwas ganz Besonderes.

Und deine Lieblingsarbeit?
Bei den Kaninchen bin ich sehr gerne. Die sind so süß und verschmust untereinander. Neben den befreiten Kaninchen leben hier auch frei geborene. Das war zwar unerwartet und eigentlich ungewollt, aber jetzt sind sie halt da. Eine Zeitlang hatten wir nur noch ein Kaninchen. Das ist richtig doof für ein Tier, das eigentlich in einem größeren Sozialverband lebt. Also haben wir aus dem Tierheim einen Gefährten geholt. Man hatte uns gesagt, er sei kastriert, aber dem war dann ja offensichtlich nicht so. Auf einmal hatten wir Kaninchenbabys. Später haben Tierbefreier uns noch sechs Tiere von einem privaten Mäster gebracht, der sie in diesen winzigen Holzboxen in Einzelhaltung hatte, und jetzt haben wir hier eine richtig große Bande von Langohren.

Wie fühlt es sich an, mit so vielen großen und kleinen Tieren zusammenzuleben? Gibt es da nicht auch mal Stress und Streitigkeiten?
Die Leute stellen sich das immer ganz harmonisch und idyllisch vor – ist es ja auch meistens, aber natürlich gibt es auch mal Streitigkeiten und man muss manche Tiere trennen. Es versteht sich halt nicht jeder mit jedem, aber die Tiere können sich auf der großen Fläche ja recht gut aus dem Weg gehen. Da sieht man auch den Unterschied zur Nutztierhaltung, in der die Tiere auf so engem Raum leben müssen, dass man den Kühen die Hörner ausbrennt oder absägt und den Hühnern die Schnabelspitzen amputiert, weil die Tiere sich sonst gegenseitig schwere Verletzungen zufügen würden. Zu den „Streithähnen" gehören auf jeden Fall die Gänse. Die sind schon sehr dominant und beanspruchen sehr viel Platz. Zwei unserer Gänse schrecken vor nichts zurück, die beißen sogar den Kühen in den Schwanz. Und die Kühe hauen dann auch noch ab! Es gibt aber auch ein paar, die sich wehren. Mattis zum Beispiel, der mit den Gänsen aufgewachsen ist, lässt sich das nicht gefallen.

Eine dieser Anarcho-Gänse, wie ihr sie nennt, hat aber einen ziemlichen Narren an dir gefressen…
Das war nicht meine Absicht! Ich habe Hope – einen Ganter, den wir anfangs für eine Gans hielten - abends immer gerufen und in den Stall gebracht, als er noch klein war.
Die erwachsenen Gänse können sich nachts problemlos gegen potenzielle Fressfeinde wehren. Hope war aber noch zu jung dafür. Jedenfalls hat dieses Ritual des Zubettbringens wohl dazu geführt, dass Hope auf mich geprägt wurde. Wir verstehen uns. Andere Menschen und Tiere greift er aber an, wenn er meint, mich beschützen zu müssen. So toll es ist, ein Tier zu haben, das sich so für einen einsetzt, aber das geht zu weit, da muss man klare Grenzen aufzeigen.

Gibt es auch jemanden, mit dem du nicht so gut klarkommst?
Klarkommen tut man mit allen Tieren. Es gibt Tiere, die mir öfter mal auf die Nerven gehen wie unser Rosa-Mariechen, das überall auf dem Hof rumläuft und alles auf den Kopf stellt. Wenn irgendwo eine Tür offen steht, wird alles untersucht, aufgerissen und gefressen oder zerstört. Lui kann das auch ganz gut. Da sind die Schweine wirklich gut drin. Man muss sich aber mit allen Charakteren arrangieren, wie bei den Menschen auch.

ROTKOHLSUPPE MIT TOPINAMBURSCHEIBEN UND FLADENBROT

Rotkohlsuppe
350 g Rotkohl
250 g Kartoffeln
1 Zwiebel
1 EL Rapsöl
2 EL Vollrohrzucker
400 ml Wasser
4 Pfirsichhälften (aus dem Glas)
2 TL Zitronensalz
1 EL Apfelessig

Topinamburscheiben
150 g Topinambur
1 Prise Muskat
1 EL Rapsöl

3 EL Walnusskerne
Türkisches Fladenbrot

Rotkohl waschen und klein schneiden. Kartoffeln schälen und würfeln. Zwiebel schälen und klein hacken.

In einem weiten Topf Rapsöl erhitzen und die Zwiebel darin glasig dünsten. Rotkohl und Vollrohrzucker dazugeben und mit Wasser ablöschen. Alles etwa 25 Minuten bei mittlerer Hitze köcheln lassen.

Kartoffeln in einem separaten Topf ca. 20 Minuten in Salzwasser gar kochen.

Walnusskerne grob hacken. Topinambur waschen, putzen und in Scheiben schneiden. In Rapsöl einige Minuten braten und mit Muskat würzen.

Pfirsichhälften würfeln, mit den Kartoffeln zum Rotkohl geben und fein pürieren. Mit Zitronensalz und Apfelessig abschmecken und mit Topinambur und Walnussstücken servieren.

Dazu Fladenbrot reichen.

> Eigentlich müsste er ja Lilakohl heißen, aber das Farbwort gab es bis zum 18. Jahrhundert im deutschen Sprachraum gar nicht; es musste erst von Persien über Spanien und Frankreich reisen, bis wir es importieren konnten.
>
> Also heißt dieser Vertreter der Kreuzblütler für die Norddeutschen Rotkohl, in der Mitte Deutschlands und in Teilen Österreichs trägt er den Namen Rotkraut und die Süddeutschen sowie einige weitere Österreicher nennen ihn Blaukraut.

> Die verschiedenen Bezeichnungen rühren von saurem beziehungsweise alkalischem Boden und regional unterschiedlichen Zubereitungsformen her: Die Zugabe von Essig während des Kochvorgangs macht den Kohl rot, Zucker färbt ihn bläulich.

GEMÜSESPIRALEN MIT CASHEW-SAUCE UND KNOBLAUCHBROT

Gemüsespiralen
700 g Hokkaidokürbis
250 g Rote Bete
200 g Salatgurke

Cashew-Sauce
50 g Cashewkerne
100 ml Wasser
1 Msp. Salz

Knoblauchbrot
250 g Weizenmehl Type 550
120 ml lauwarmes Wasser
½ Würfel Frischhefe
½ TL Rohrohrzucker
½ TL Salz
3 EL Olivenöl
½ Bund krause Petersilie
2 Knoblauchzehen
30 g weiche Margarine
je 1 Prise Salz und Pfeffer

Topping
2 EL Cashewkerne
etwas krause Petersilie

Für die Sauce die Cashewkerne mit Wasser bedecken und 1 Stunde einweichen lassen. Während der Einweichzeit den Hefeteig zubereiten: Petersilie waschen und grob hacken. Eine Knoblauchzehe schälen und fein hacken. Mehl, Salz, Petersilie und Knoblauch in einer Schüssel vermischen. Hefe und Zucker im Wasser auflösen, zu den trockenen Zutaten gießen und grob verkneten. Olivenöl dazugeben und 5 Minuten kneten, bis ein homogener Teig entsteht. Die Schüssel mit einem feuchten Küchentuch bedecken und 30 Minuten an einem warmen Ort gehen lassen. Am Ende der Gehzeit sollte der Teig sein Volumen etwa verdoppelt haben.

Zum späteren Bestreichen der Kräuterbrote Knoblauchmargarine anrühren: die zweite Knoblauchzehe schälen, pressen und mit der Margarine verrühren. Mit Salz und Pfeffer abschmecken und beiseitestellen.

Während der Gehzeit das Gemüse vorbereiten: Kürbis, Rote Bete und Gurke waschen. Kürbis aufschneiden, die Kerne und das faserige Fruchtfleisch entfernen. Kürbis in etwa 8 mal 8 cm große Stücke schneiden. Rote Bete schälen.
Mit dem Spiralschneider Rote Bete und Gurke zu dünnen Spaghetti drehen. Kürbisstücke mit der Schale in Richtung des Messereinsatzes in den Spiralschneider klemmen und zu breiten Spiralen drehen. Gemüsereste, die der Spiralschneider nicht erfasst hat, in dünne Scheiben oder Stifte schneiden.

Die Kürbis- und Rote-Bete-Spiralen auf einem mit Backpapier ausgelegten Backblech verteilen. Gurkenspiralen beiseitestellen.

Den Backofen auf 200 °C vorheizen. Den Hefeteig nochmals kurz durchkneten und in zwei Hälften teilen. Die Hälften zu dünnen Fladen ausrollen und auf ein zweites mit Backpapier ausgelegtes Backblech legen.

Die Teigfladen mit dem Finger mehrfach eindrücken und weitere 10 Minuten gehen lassen.

Währenddessen die Cashew-Sauce zubereiten: Cashewkerne mit dem Einweichwasser pürieren und salzen.

Die Knoblauchbrote auf der untersten Schiene 10 Minuten backen. Danach das Blech mit den Kürbis- und Rote-Bete-Spiralen auf die mittlere Schiene schieben. Nach 10 Minuten die Knoblauchbrote mit Margarine bestreichen und in weiteren 5 bis 10 Minuten fertig backen, bis sie an der Oberseite Farbe bekommen. Kürbis- und Rote-Bete-Spiralen und Knoblauchbrote aus dem Ofen nehmen und kurz abkühlen lassen.

Gemüsespiralen auf Tellern anrichten, mit Cashewkernen und Petersilie garnieren und die Sauce darübergeben. Dazu ofenwarmes Knoblauchbrot reichen.

> Der lateinische Name des Knoblauchs, Allium sativum, weist auf die Verwandtschaft zu anderen Laucharten wie Porree, Bärlauch und Zwiebel hin.
>
> Ihnen allen ist eine gewisse Schärfe gemein: das sogenannte Lauchöl. Dessen Bestandteil Allicin tötet Bakterien und Pilze und kann als eine Art natürliches Antibiotikum bezeichnet werden. Gleichzeitig sorgt die Schärfe für eine bessere Durchblutung und schützt die Gefäße.

WÄRMENDE LINSEN-MÖHREN-SUPPE

Suppe
400 g Möhren
120 g rote Linsen
20 g Ingwer
1 Zwiebel
2 Knoblauchzehen
1 rote Chilischote
300 ml Ananassaft
100 g Ananasstücke
400 ml Kokosmilch
1 TL Currypulver
½ TL Zitronensalz
1 EL Olivenöl
1 EL Erdnussöl
1 EL Agavendicksaft

Topping
½ Bund Petersilie
4 getrocknete Tomaten
1 kleine Möhre

Linsen in ein Sieb geben und unter fließendem Wasser kurz spülen. Möhren waschen und in dünne Scheiben schneiden. Zwiebel, Knoblauch und Ingwer schälen und klein hacken. Chili entkernen und ebenfalls klein hacken.

In einem weiten Topf Olivenöl erhitzen und Zwiebel, Knoblauch, Ingwer und Chili etwa 1 Minute anschwitzen. Die Möhrenscheiben und Linsen dazugeben und kurz mitbraten. Mit Ananassaft ablöschen, Kokosmilch dazugeben und bei mittlerer Hitze ca. 15 Minuten köcheln lassen.

Ananasstücke dazugeben und alles mit einem Pürierstab oder in einem Küchenmixer pürieren. Mit Currypulver, Zitronensalz, Erdnussöl und Agavendicksaft abschmecken.

Petersilie klein hacken, getrocknete Tomaten in kleine Stücke schneiden und mit Hilfe des Spiralschneiders feine Möhrenspiralen drehen.

Die Suppe auf Teller verteilen und mit Petersilie, Tomatenstückchen und Möhrenspiralen dekorieren.

Linsen, die unscheinbaren Kraftpakete: Sie enthalten neben bis zu 30 Prozent Eiweiß ca. 50 Prozent komplexe Kohlenhydrate und sättigen dadurch mit wenig Kalorien.
Außerdem sind sie reich an Kalzium, Kalium und Eisen. Es gibt zahlreiche Sorten. Einige müssen vor dem Kochen mehrere Stunden eingeweicht werden. Suppen und Eintöpfe werden durch Linsen angenehm sämig.

GEMÜSESTIFTE MIT FALAFEL UND AVOCADOCREME

Gemüsestifte
300 g Möhren
200 g Petersilienwurzeln
80 g getrocknete, in Öl eingelegte Tomaten
1 EL Agavendicksaft
120 ml Orangensaft
Petersilie
1 Prise Pfeffer
1 Msp. Salz
40 g Pinienkerne
1 TL Erdnussöl

Falafel
125 g getrocknete Kichererbsen
(oder 260 g Kichererbsen aus dem Glas)
1 Knoblauchzehe
½ Bund Petersilie
1 EL Weizenmehl Type 405
½ TL Backpulver
½ TL Kreuzkümmel (gemahlen)
½ TL Koriander (gemörsert)
½ TL Salz
500 ml Bratöl zum Frittieren

Avocadocreme
1 Avocado
Saft einer halben Limette
je 1 Prise Salz und Pfeffer
1 Knoblauchzehe

Für die Falafel die getrockneten Kichererbsen etwa 12 Stunden, am besten über Nacht, in reichlich Wasser quellen lassen, Wasser dabei zweimal wechseln. Kichererbsen aus dem Glas können sofort verwendet werden.
Vor der Zubereitung Wasser abgießen, Kichererbsen waschen und zu Mus pürieren. Knoblauch und Petersilie hacken und zusammen mit den übrigen Zutaten zum Kichererbsenmus geben und nochmals alles so lange pürieren, bis eine homogene Masse entstanden ist. Mit den Händen kleine Bällchen aus dem Mus formen.

Pinienkerne in einer Pfanne mit Erdnussöl rösten. Getrocknete Tomaten im Sieb abtropfen lassen und grob zerschneiden.

Möhren und Petersilienwurzeln unter fließendem Wasser putzen und in ca. 1 cm dicke und 6 cm lange Stifte schneiden. Petersilienwurzelstifte 5 Minuten in Salzwasser garen, Möhrenstifte dazugeben und weitere 3 bis 4 Minuten köcheln lassen. Gemüse abschrecken, abgießen und beiseitestellen.

In einem Topf oder Wok die Falafel in heißem Frittieröl 2 bis 3 Minuten gleichmäßig goldbraun ausbacken. Die richtige Temperatur ist erreicht, wenn sich an einem ins Öl getauchten Holzstäbchen oder einem hölzernen Kochlöffel sprudelnde Bläschen bilden. Die Falafel sollten außen knusprig, innen jedoch noch weich sein. Ein Küchentuch auf die mittlere Schiene des Backofens legen und die Bällchen bei 50° C darauf abtropfen lassen.

Avocados sind mit rund 20 Prozent zwar sehr fettreich, doch der überwiegende Teil davon sind mehrfach ungesättigte Fettsäuren, die ein wichtiger Bestandteil der Ernährung sind. Außerdem liefern Avocados viel Eiweiß und Vitamin E, das unser größtes Organ, die Haut, gesund erhält.

Während die ersten Falafel frittiert werden, die Avocadocreme herstellen: Avocado aushöhlen und das Fruchtfleisch pürieren, Limettensaft und kleingehackten Knoblauch dazugeben und nochmals pürieren. Mit Salz und Pfeffer abschmecken.

Agavendicksaft in einer Pfanne leicht erhitzen, Orangensaft zugießen und ca. 2 Minuten köcheln lassen. Gemüsestifte und Tomaten einrühren und bei geringer Hitze 2 bis 3 Minuten erwärmen. Mit Salz und Pfeffer würzen. Kurz vor dem Servieren geröstete Pinienkerne unterheben. Gemüsestifte auf Teller verteilen und die Falafel und die Avocadocreme dazu servieren.

HASELNUSSPRALINEN

für 20 Stück
70 g dunkle Reismilchschokolade
40 g Haselnüsse (gemahlen)
½ TL Lebkuchengewürz
20 g Haselnüsse (gehackt)
20 ganze Haselnüsse

50 g der Reismilchschokolade im Wasserbad schmelzen, mit gemahlenen Haselnüssen und Lebkuchengewürz verrühren und für 1 Stunde in den Kühlschrank stellen.

Die restliche Reismilchschokolade fein hacken, mit den gehackten Haselnüssen vermischen und auf einen flachen Teller geben. Die Schokolade-Nuss-Mischung aus dem Kühlschrank nehmen und nacheinander die ganzen Haselnüsse damit umhüllen, anschließend in gehackter Schokolade und gehackten Nüssen wenden und zwischen den Handflächen zu Pralinen rollen. Auf einem Stück Backpapier trocknen lassen.

> Das Konfekt hält sich im Kühlschrank mehrere Tage, zumindest solange es niemand entdeckt, der ein Faible für süße kleine Versuchungen hat.

KOKOSBÄLLCHEN

für 20 Stück
50 g Kokosflocken
abgeriebene Schale einer halben Zitrone
30 g getrocknete Cranberrys
20 g Kakaobutter
20 g Kokosfett
1 Msp. Vanillepulver
20 g Zartbitterschokolade

Kokosflocken in eine Schale geben. Zitronenschale, Cranberrys und Vanillepulver unterheben. Kakaobutter und Kokosfett im Wasserbad schmelzen und das geschmolzene Fett gut mit den trockenen Zutaten vermischen. Etwa 1 Stunde lang kühlen, bis die Masse wieder fest geworden ist.

Mit einem Teelöffel kleine Stücke der Kokosmasse abteilen und zwischen den Handflächen zu Bällchen formen. Auf einem Stück Backpapier verteilen und wieder komplett fest werden lassen.

Zartbitterschokolade im Wasserbad schmelzen und mit einem Teelöffel in schwenkender Bewegung über den Pralinen verteilen. Nochmals trocknen lassen.

MARZIPANKUGELN

für 20 Stück
60 g Marzipan
50 g weiße Reismilchschokolade
2 TL Karamellsirup
25 g gemahlene Mandeln
40 g Mandelkerne
(gehackt und geröstet)

Marzipan und gemahlene Mandeln mit Karamellsirup verkneten und mit den Händen zu Kugeln rollen. Gehackte Mandelkerne auf einen flachen Teller geben. Reismilchschokolade schmelzen und wieder etwas abkühlen lassen. Die Marzipankugeln in die Schokolade tauchen und durch die gehackten Mandelkerne rollen. Auf einem Stück Backpapier trocknen lassen.

Die Pralinen, Bällchen und Kugeln in eine Schale oder in Pralinenförmchen füllen und servieren.

CHINAKOHL MIT MANGOSTREIFEN, SESAMBÄLLCHEN UND BUCHWEIZEN

Chinakohl mit Mangostreifen
500 g Chinakohl
2 Schalotten
1 EL Olivenöl
50 ml Gemüsebrühe
100 ml Kokosmilch
50 ml Hafersahne
Saft einer halben Limette
1 Prise Pfeffer
1 Prise Kurkuma
1 Mango

Sesambällchen
50 g Sesam
50 ml Wasser
½ TL Salz
50 g Erdmandelflocken
50 g Kichererbsenmehl
1 EL Tomatenmark
2 EL Sesam

Buchweizen
100 g Buchweizen
200 ml Wasser
½ TL Zitronensalz

Backofen auf 180 °C vorheizen. Für die Sesambällchen Sesam in eine Schale geben, mit Wasser übergießen, salzen und 30 Minuten einweichen lassen. Mit Erdmandelflocken, Kichererbsenmehl und Tomatenmark verkneten, bis eine feste, homogene Masse entsteht. Den übrigen Sesam auf einen Kuchenteller geben. Mit angefeuchteten Händen teelöffelgroße Bällchen aus dem Teig formen und in Sesam wälzen. Im Backofen etwa 20 Minuten bei Ober- und Unterhitze backen.

Buchweizen mit Wasser übergießen und aufkochen lassen. 5 Minuten köcheln lassen, Herdplatte ausschalten und 15 Minuten ausquellen lassen.

Während die Sesambällchen backen und der Buchweizen köchelt, Kohl waschen und in Streifen schneiden. Mango schälen, das Fruchtfleisch vom Kern entfernen und in dünne Streifen schneiden. Schalotten schälen und klein hacken.
Schalotten in einer Pfanne in Olivenöl glasig dünsten, den Chinakohl hinzugeben und kurz mitbraten.
Mit Gemüsebrühe ablöschen und etwa 5 Minuten bei mittlerer Hitze garen. Temperatur weiter reduzieren und Limettensaft, Kokosmilch und Hafersahne einrühren. Mit Pfeffer und Kurkuma würzen.

Buchweizen mit einem Teelöffel in eine Teetasse drücken und auf Teller stülpen. Chinakohl dazugeben und mit Mangostreifen belegen. Die Sesambällchen ebenfalls auf die Teller verteilen.

Chinakohl wird bereits seit dem 5. Jahrhundert – wer hätte das gedacht – in China angebaut. Erst im 20. Jahrhundert gelangte er zusammen mit chinesischen Auswanderern nach Europa und Amerika. Er enthält wie andere Kohlsorten viel Vitamin C und ist zudem leichter bekömmlich als seine europäischen Verwandten. Außerdem ist Chinakohl reich an Ballaststoffen und aufgrund seines hohen Wasseranteils sehr kalorienarm.

SCHOKOLADENKUCHEN MIT APRIKOSENFÜLLUNG

für eine Springform mit
20 cm Durchmesser

Teig
300 g Weizenmehl Type 550
100 g Zucker
100 g gemahlene Haselnüsse
1 EL Backpulver
50 g Kakao (schwach entölt)
1 Prise Salz
2 Bananen
150 ml Sonnenblumenöl
250 ml Hafermilch
etwas Öl und Mehl für die Form

Glasur
150 g Zartbitterkuvertüre
50 g Margarine
8 Walnusshälften
1 EL Ahornsirup Grad A

Füllung
100 g Aprikosenkonfitüre

Backofen auf 180 °C vorheizen. Die trockenen Zutaten für den Teig in einer Schüssel vermengen. Bananen mit einer Gabel zu Mus zerdrücken und hinzugeben. Sonnenblumenöl und Hafermilch unterrühren und mit einem Löffel oder Handmixer zu einem homogenen Teig verarbeiten.

Die Springform leicht einfetten, mit etwas Mehl ausstreuen und den Teig einfüllen. Etwa 40 Minuten bei Ober- und Unterhitze backen. Mit einem Holzstäbchen den Teig einstechen. Bleibt noch Teig daran kleben, sollte der Kuchen noch ein paar Minuten länger backen. Wenn die Oberfläche schon sehr dunkel aussieht, mit einem Stück Alufolie abdecken.

Den Kuchen aus dem Ofen nehmen, fünf Minuten abkühlen lassen und vorsichtig aus der Form lösen. Auf einem Kuchengitter oder einem Teller komplett abkühlen lassen. Aprikosenkonfitüre mit einer Gabel etwas zerdrücken. Den Kuchen mit einem Torten- oder Brotmesser vorsichtig quer teilen und auf der unteren Hälfte Aprikosenkonfitüre verstreichen. Die obere Hälfte wieder daraufsetzen.

Kuvertüre und Margarine im Wasserbad schmelzen und gleichmäßig auf dem Kuchen verteilen. Mit einem Teigschaber glattstreichen und einige Minuten trocknen lassen. Walnusshälften mit Ahornsirup bestreichen und gleichmäßig auf dem Kuchen verteilen. Den Kuchen etwa 1 Stunde in den Kühlschrank stellen und anschließend servieren.

Aprikosen gehören wie Äpfel und Erdbeeren zur Familie der Rosengewächse. Sie stärken die Abwehrkräfte und schützen gegen freie Radikale.

Bei getrockneten Aprikosen sind ungeschwefelte Früchte zu bevorzugen. Die Schwefelverbindungen erhöhen zwar die Haltbarkeit der Früchte, zerstören aber gleichzeitig Vitamin B1, Vitamin E und Folsäure. Sie behindern auch die Aufnahme dieser Vitamine aus anderen Nahrungsmitteln.
Bei empfindlichen Menschen kann der Verzehr von geschwefeltem Trockenobst zu Kopfschmerzen, Übelkeit und Magenproblemen führen.

BEZUGSQUELLEN UND WEB-EMPFEHLUNGEN

VEGAN EINKAUFEN
Die meisten der verwendeten Zutaten bekommt man problemlos im Bioladen und auch im normalen Supermarkt. Für alles andere empfehlen wir die folgenden Onlineshops bzw. Veganläden:

www.alles-vegetarisch.de
Große Auswahl an veganen Lebensmitteln, Büchern und Kosmetik, kleine Auswahl veganer Reinigungsmittel, außerdem: vegane Tiernahrung für Hunde und Katzen

www.bevegend.de
Große Auswahl an veganen Lebensmitteln und Büchern, kleine Auswahl veganer Reinigungsmittel und Kleidung, vegane Hunde- und Katzennahrung, Postkarten, Poster und Kalender von Hof Butenland. Besonderheit: histaminfreie, fructose- und schwefelarme Weine

www.drmetz.de
Kleine Auswahl an veganen Lebensmitteln und Büchern
Besonderheit: Lupinenschrot

www.radixversand.de
Große Auswahl an veganen Lebensmitteln, kleine Auswahl an veganen Reinigungsmitteln, Kosmetik und Haushaltswaren
Außerdem: vegane Schuhe sowie vegane Tiernahrung für Hunde und Katzen

www.vegan-total.de
Große Auswahl an veganen Lebensmitteln, Kosmetik, Reinigungsmitteln, Kleidung und Büchern, kleine Auswahl an Haushaltswaren, außerdem: vegane Hunde- und Katzennahrung

www.vegan-wonderland.de
Große Auswahl an veganen Lebensmitteln, Kleidung, Büchern, Kosmetik und Reinigungsmitteln, außerdem: vegane Tiernahrung für Hunde und Katzen

In mehreren Großstädten gibt es bereits Ladengeschäfte mit komplett veganem Angebot. Dazu gehört das Bevegend in Hamburg auf St. Pauli. Filialen der Supermarktkette Veganz gibt es inzwischen in Berlin, Frankfurt, Hamburg, München, Essen, Leipzig und Wien. In Oldenburg findet man das Veggiemaid und auch das Vegan Wonderland kann man in Dortmund zum Einkaufen aufsuchen.
Bei den genannten Einkaufsmöglichkeiten handelt es sich um eine Auswahl.
Da die Nachfrage nach veganen Produkten und veganem Essen stetig steigt, findet man in immer mehr Städten vegane Läden und Lädchen, Restaurants und Imbisse.
Der Vegetarierbund Deutschland bietet eine App für die Suche nach veganfreundlichen Restaurants an und die bekannten Internet-Suchmaschinen helfen ebenfalls bei der Suche nach einem geeigneten Lokal.

SAISONKALENDER
Mit Hilfe von Saisonkalendern kann man sich schnell einen Überblick darüber verschaffen, was wann wächst bzw. wann etwas aus Lagerung oder aus dem Gewächshaus stammt.
www.utopia.de/userfiles/download/utopia_saisonkalender.pdf
www.greenpeace-magazin.de/fileadmin/user_upload/Ratgeber/erntekalender.pdf

HOF BUTENLAND
Hof Butenland ist ein Lebenshof für ehemalige Nutztiere. Unsere Tiere brauchen keinen Nutzen mehr zu erfüllen, sondern können das tun, wofür sie auf der Welt sind: leben. Damit Hof Butenland auch in Zukunft einen sicheren Stand hat und die Versorgung der Tiere gewährleistet ist, sind wir auf Patenschaften angewiesen. Wer gern eine Patenschaft übernehmen oder verschenken möchte, kann dafür das Formular auf unserer Homepage benutzen oder die letzte Seite dieses Buchs kopieren und ausfüllen. Jede Patin bzw. jeder Pate erhält eine individuell gestaltete Urkunde mit Namen und aktuellem Bild des Patentiers. Über Einzel- und Sachspenden (Tiernahrung, Decken, Arbeitsgeräte usw.) freuen wir uns ebenfalls.
Bitte vorher erfragen, was benötigt wird.
Der Erlös aus diesem Buch kommt zu 100 Prozent unseren Tieren zugute.

Homepage von Hof Butenland: www.stiftung-fuer-tierschutz.de
Hof Butenland bei Facebook: www.facebook.com/HofButenland
Hof Butenland auf Youtube: www.youtube.com/user/stiftunghofbutenland

REGISTER

A

Ananas-Prinzentraum 68
Apfelküchlein mit Vanille-Mandel-Sauce 75
Auberginenröllchen mit Rucola-Orangen-Salat 100

B

Bandnudeln mit Gemüsestiften und Erdnuss-Sauce 90
Bärlauchnudeln mit Gemüsespiralen und Mandel-Sauce 76
Blätterteigpizza à la Butenland 51
Blumenkohl-Brokkoli-Pakoras mit Bohnen-Dip 29
Brokkolisuppe mit gefüllten Buchweizenpfannkuchen 26
Bunter Gemüsetopf mit Lupinen-Kichererbsen-Bratlingen 60
Bunter Salat mit Tofustreifen und American Dressing 45

C

Chinakohl mit Mangostreifen, Sesambällchen und Buchweizen 121
Couscous-Zucchini-Pfanne mit Grünkernbällchen und roten Dips 82
Curry-Gemüse mit Reis und Veggie-Vleisch 30

E

Erbsen-Kokos-Suppe mit Kräuterbrot 70

G

Gemüsespieße mit gefüllter Paprika und Bohnen- und Gurkensalat 96
Gemüsespiralen mit Cashew-Sauce und Knoblauchbrot 112
Gemüsestifte mit Falafel und Avocadocreme 116
Grünes Wunder (Smoothie) 43
Grünkern-Obstsalat mit Haselnusscreme 54

H

Haselnusspralinen 118
Heidelbeer-Sahnetörtchen 66
Himbeer-Sahne-Traum 68
Holunderblütenpfannkuchen mit Cranberry-Mandel-Creme 62

K

Kartoffelspaghetti mit gefüllten Champignons und Tomaten 92
Kohlrabischnitzel mit Kartoffelringen und Apfel-Radieschen-Salat 36
Kokosbällchen 118
Kürbis- und Kartoffelspalten mit Ratatouille-Relish und Erbsen-Kokos-Creme 89

L

Linsen-Möhren-Suppe, Wärmende 115
Lupinenball mit mediterranem Gemüse und Kräutercreme 56
Lupinengeschnetzeltes mit Paprikareis und Zaziki 85

M

Mandelpfannkuchen mit gebratenem Spinat und Mango-Sauce 22
Marzipankugeln 118
Mediterranes Gemüse mit Tomaten- und Joghurt-Dip 78
Möhren-Lauch-Tarte 20

P

Paprika-Ananas-Suppe mit Gemüsestiften und Cranberry-Dip 34
Paprika-Bulgur-Pfanne mit Rote-Bete-Linsen-Salat 58

R

Rote-Bete-Kartoffel-Suppe mit buntem Salat 94
Rote Verführung (Smoothie) 43
Rotkohlsuppe mit Topinamburscheiben und Fladenbrot 110

S

Schoko-Kaffee-Torte 107
Schokoladenkuchen mit Aprikosenfüllung 123
Sellerie-Champignon-Suppe mit Gnocchi und pikantem Erdbeersalat 48
Smoothie à l'orange 43
Spargel mit Frühlingsgemüse und Rosmarinrouladen 39
Süßkartoffelwürfel mit Sellerie-Sticks und Kürbiskern-Avocado-Creme 103

HERZHAFTES

Auberginenröllchen mit Rucola-Orangen-Salat 100
Bandnudeln mit Gemüsestiften und Erdnuss-Sauce 90
Bärlauchnudeln mit Gemüsespiralen und Mandel-Sauce 76
Blumenkohl-Brokkoli-Pakoras mit Bohnen-Dip 29
Chinakohl mit Mangostreifen, Sesambällchen und Buchweizen 121
Couscous-Zucchini-Pfanne mit Grünkernbällchen und roten Dips 82
Curry-Gemüse mit Reis und Veggie-Vleisch 30
Gemüsespieße mit gefüllter Paprika und Bohnen- und Gurkensalat 96
Gemüsespiralen mit Cashew-Sauce und Knoblauchbrot 112
Gemüsestifte mit Falafel und Avocadocreme 116
Gemüsetopf mit Lupinen-Kichererbsen-Bratlingen 60
Kartoffelspaghetti mit gefüllten Champignons und Tomaten 92
Kohlrabischnitzel mit Kartoffelringen und Apfel-Radieschen-Salat 36
Kürbis- und Kartoffelspalten mit Ratatouille-Relish und Erbsen-Kokos-Creme 89
Lupinenball mit mediterranem Gemüse und Kräutercreme 56
Lupinengeschnetzeltes mit Paprikareis und Zaziki 85
Mandelpfannkuchen mit gebratenem Spinat und Mango-Sauce 22
Mediterranes Gemüse mit Tomaten- und Joghurt-Dip 78
Möhren-Lauch-Tarte 20
Paprika-Walnuss-Pizza 51
Spargel mit Frühlingsgemüse und Rosmarinrouladen 39
Süßkartoffelwürfel mit Sellerie-Sticks und Kürbiskern-Avocado-Creme 103
Tomaten-Oliven-Mais-Pizza 51

SUPPEN

Brokkolisuppe 24
Erbsen-Kokos-Suppe mit Kräuterbrot 70
Linsen-Möhren-Suppe, Wärmende 115
Paprika-Ananas-Suppe 34
Rote-Bete-Kartoffel-Suppe 94
Rotkohlsuppe mit Topinamburscheiben 110
Sellerie-Champignon-Suppe mit Gnocchi 48

DIPS UND DRESSINGS

American Dressing 45
Avocadocreme 116
Bohnen-Dip 29
Cashewcreme 68
Cashew-Sauce 112
Cranberry-Dip 34
Cranberry-Mandel-Creme 62
Dunkle Sauce 36
Erbsen-Kokos-Creme 89
Erdnuss-Sauce 90
Feigensenf-Vinaigrette 58
Haselnusscreme 54
Joghurt-Dip 78
Kräutercreme 56
Kürbiskern-Avocado-Creme 103
Mandel-Sauce 76
Mango-Sauce 22
Orangen-Joghurt-Dressing 94
Orangen-Vinaigrette 100
Paprika-Dip 82
Rote-Bete-Dip 82
Tomaten-Dip 78
Vanille-Mandel-Sauce 75
Zaziki 84

SÜSSES

Ananas-Prinzentraum 68
Apfelküchlein mit Vanille-Mandel-Sauce 75
Bananen-Spinat-Smoothie (Grünes Wunder) 43
Cranberry-Mandel-Creme 62
Erdbeer-Himbeer-Smoothie (Rote Verführung) 43
Grünkern-Obstsalat mit Haselnusscreme 55
Haselnusspralinen 118
Heidelbeer-Sahnetörtchen 66
Himbeer-Sahne-Traum 68
Holunderblütenpfannkuchen 62
Kokosbällchen 118
Marzipankugeln 118
Orangen-Möhren-Smoothie (Smoothie à l'orange) 43
Schoko-Kaffee-Torte 107
Schokoladenkuchen mit Aprikosenfüllung 123

SALATE

Apfel-Radieschen-Salat 36
Bohnensalat 96
Bunter Salat (Batavia-Paprika-Bohnen-Salat) 45
Bunter Salat mit Räuchertofu 95
Erdbeersalat, pikant 48
Grünkern-Obstsalat 55
Gurkensalat 96
Rucola-Orangen-Salat 100

DANKE

Ohne zahlreiche helfende Hände und Köpfe wäre dieses Buch nicht entstanden.

An dieser Stelle möchten wir unseren Autorinnen und Autoren Hilal Sezgin, Jeff Mannes, Marsili Cronberg und Julya Dünzl für ihre wunderbaren Beiträge danken. Sie führen eindrücklich vor Augen, warum eine neue Kuhltur zwingend notwendig ist. Dank auch an Kerstin Kraasch, Meik Sachse, Monika Lisle, Christian Hölscher, Günter Saller, Tom C. Gerhardt, Johanna Schlitzkus, Jutta Heyer, Alf Drollinger, Sabine Eicker, Frederike Hortig, und alle, die durch Butenland bevegt wurden und nun vegan leben. Ihr Beispiel zeigt, dass unsere Arbeit Früchte trägt.

Verena Funtenberger und Claudia Renner haben die Texte und Rezepte von vorne bis hinten und von hinten bis vorne gelesen und sie durch Kritik und Anregungen in eine lesbare beziehungsweise kochbare Form gebracht. Ein huldvolles Oink-Oink geht außerdem von Prinz Lui an Verena, die sein Vorwort in eine für Menschen verständliche Sprache übersetzt hat.

Ein großes Dankeschön geht an das Team vom Designbüro Siebel1 und besonders an Judith-Sophie Winkler für die grafische Umsetzung.

Wir danken auch den Firmen Lurch, Dr. Metz, Purvegan und Topas für die freundliche Unterstützung dieses Projekts.

Und - last not least - gebührt ein ganz großer Dank Mira Landwehr, die verantwortlich die Planung und Organisation für dieses Buch übernommen und uns zwischendurch mit süßen Köstlichkeiten versorgt hat.

ERSTE HILFE SEITE

Wer uns finanziell unterstützen möchte, kann diese Seite kopieren, Zutreffendes ankreuzen, unten Personen- und Adressdaten eintragen und an uns zurücksenden. Unterschreiben nicht vergessen!
Alternativ kann auch das Spendenformular auf unserer Homepage www.stiftung-fuer-tierschutz.de verwendet werden.

Kontaktdaten

Anrede
Vorname
Nachname
Straße
PLZ, Ort
Telefon
E-Mail

☐ Ich möchte helfen durch eine einmalige Spende für Futter, Tierarzt, Instandhaltung:

☐ Ich möchte helfen durch eine monatliche Patenschaft in Höhe von:
(Patenschaften sind ab 5,- € im Monat bzw. 60,- € im Jahr möglich)

Soll die Patenschaft ein Geschenk sein?
☐ Nein
☐ Ja, Name der/des Beschenkten:

Patenschaft für folgendes Tier:

oder Patenschaft für die Tiergruppe:
☐ Rinder ☐ Hunde ☐ Katzen ☐ Gänse
☐ Hühner ☐ Schweine ☐ Enten ☐ Pferde
☐ Kaninchen ☐ oder Patenschaft für alle Tiere

Unsere Adresse
Stiftung Hof Butenland
Jan Gerdes
Niensweg 1
26969 Butjadingen

per Einzugsermächtigung
Kontoinhaber/in
Bank
IBAN
BIC

Unterschrift Kontoinhaber/in

per Überweisung
Spendenkonto:
Stiftung Hof Butenland
Raiffeisenbank Butjadingen

IBAN: DE02 2806 8218 0003 7273 00
BIC: GENODEF1BUT
Spenden sind steuerlich absetzbar.

Datenschutzerklärung
Ich bin damit einverstanden, dass die Tierschutzstiftung Hof Butenland mich schriftlich und/oder telefonisch kontaktiert. Die Tierschutzstiftung Hof Butenland sichert mir zu, dass meine Daten gemäß dem Bundesdatenschutzgesetz streng vertraulich behandelt und nicht an Dritte weitergegeben werden.

Ort, Datum, Unterschrift

Vielen Dank im Namen der Tiere!

Um einen Eindruck zu bekommen, welche Kosten monatlich bzw. jährlich bei uns anfallen, haben wir exemplarisch einige Ausgaben zusammengestellt. Hinzu kommen Tierarztkosten im akuten Krankheitsfall, Kosten für die Instandhaltung der Arbeitsgeräte und Gebäude, Anwaltskosten und vieles mehr.

5,- €	kostet das Obst, Gemüse und Getreide, das die Schweine pro Tag verputzen
10,- €	decken einen Tag lang die Futterkosten der Katzen und Hunde
25,- €	Darauf beläuft sich die einmal pro Jahr fällige Klauenpflege für ein Rind
50,- €	zahlen wir halbjährlich dem Hufschmied für die Fußpflege eines Pferdes
100,- €	versorgen Hühner und Enten einen Monat lang mit Futter, denn so viel kosten 250 Kilogramm Weizen
250,- €	So viel kostet eine Wurmkur für alle Rinder, die zweimal im Jahr durchgeführt werden muss